子育てで一番大切なこと

愛着形成と発達障害

杉山登志郎

講談社現代新書
2491

まえがき

この本は、子育てのための本である。

子どもを作りたい、そしてよい子に育てたい、でもどう育てれば良いのかわからないと迷うことが多い、そんな人達のための本である。

少子化の中で、子どもや子育ては国家の大事と表向きは声高《こわだか》に叫ばれているものの、発達障害の増加や子ども虐待の急増、子どもの貧困、いじめや校内暴力など、子育ての大変さばかりが広がっていて、これでは楽しい子育てどころではない。

そんなマイナスの情報ばかりに囲まれている人達に、恐れたり迷ったりする必要はないよ、いくつかのとても大事なことだけ押さえておけば、子どもはどんどん自分で成長をして、しっかり育っていくんだよ、というメッセージを送りたい。

しかし、私がこれまで書いた啓発書は、それなりに最新の知識も盛り込んだ専門的な部分を持つ本ばかりだった。

発達障害にも不登校にも子ども虐待にも余り関心がない、普通の読者がさらさらと読めるもっともっと易しい本にするにはどうしたら良いだろう。
私はある作戦を取ることにした。
それは全ての内容を対話によって語るということである。

主たる登場人物は3名だけである。
この本は、編集者の女性が、定年間際の不機嫌で小太りな児童精神科医を大学の研究室に訪れるところから始まる。

目次

序章　児童精神科医から見た現代の子育て

「こんにちは」

ミサキが研究室のドアを開けると、そこには丸々とした児童精神科医が驚いた様子で立っていた。

橋本ミサキは、これまで若い女性をターゲットにした健康の本や、妊娠・出産の本などを手がけてきた編集者だ。だが、最近、読者から子どもの発達障害についての悩みが寄せられるようになった。どうやら保育園や小学校で、そういった懸念《けねん》のある子どもが増えているらしい。さらには、学級崩壊や子どもの問題行動で悩んでいるお母さんからの切実な読者はがきも編集部に多数届いていた。これは、子育て中のお母さん・お父さんに向けて、こうした悩みを解消できる一冊をつくらなければ、と企画を立てることにした。

そこで、著者として目をつけたのが、S県にある医科大学に勤務している杉本喜一教授だ。彼は、発達障害研究・臨床の第一人者である。

そうして会ってみた教授は、お腹がぽっこりとした老人だった。

ミサキの姿を認めると、目を大きく見開きながら「ちょっと待ってて」と言い、ミサキを残したまま受付にいた事務の女性に詰め寄った。

「編集者が急に来たんだが、私は別の予定を入れておいてくれって言ったじゃないか」

研究室のドアが開いたままなので、声が丸聞こえだ。

「それは、申し訳ありませんでした。ですが、もう一つのご予定は、ほんの一時間前に伺ったので、急すぎる変更は無理です、とお伝えしたばかりじゃないですか。その時は先生も〝しょうがないね〟とご納得されていましたが……」と事務の女性が言うと、「え、そうだっけ。それは申し訳なかった」と杉本教授がごにょごにょとつぶやいて、汗を拭き拭き研究室にもどってきた。

ミサキは、なんだかやっかいそうな人だぞ、と嫌な予感がしたが、企画を受けてもらうために明るい表情を作って、あらためて挨拶《あいさつ》をした。

「はじめまして、講談出版の橋本ミサキです。メールでお尋ねしましたように、子育てに悩んでいる親御さん達を励ますための一冊をご執筆いただけないか、と思い、訪ねて参りました。

企画書（図1）を先にお送りしましたが、ご検討いただけましたでしょうか」

すると杉本教授は「ふん、これかい」とミサキが送った企画書らしき紙を不機嫌そうに取り出した。×印が大きくつけられミミズ文字で真っ赤にされている。

企画書には、ミサキの思いを率直に書いたつもりだ。

家族の形態は多様になり、子どもを取り巻く環境が近年大きく変わってきたこと。発達障害の増加のみならず、自己肯定感を持てない子、引きこもりの子、将来の希望が持てな

杉本喜一 様

『子育てにとって一番大切なこと』(仮題) 書籍企画書

講談出版　第二書籍編集部
橋本ミサキ

【書名】『子育てにとって一番大切なこと』(仮題)

【主な読者対象】 育児中の親達、子育てに関心がある人

【内容】

ある調査によると、子育てを幸福と感じられないお母さんが1割を超えるようです。また、子どもの発達障害についての悩みや問題行動の対応が大変でどうしたらいいかわからない、という読者の声を多数聞くようになりました。

誰しもがよい子になれるコツというのはあるのでしょうか?

迷える親達の悩みを解消できるような、易しく読める本を、発達障害研究の第一人者であられる杉本先生にご執筆願います。

【本書で取り扱いたいトピック】

●「子育てに大切なこと」について
➡よい子に育つための、話しかけ方/習慣のつけ方/親の心構え
どういう食事や、どういう言葉かけをするべきなのか?

●愛着形成について
➡これがどのように子どもに影響を及ぼすのでしょうか?

●発達障害の子どもは増えている?
➡発達障害について、易しく解説をお願いします。

●幼児から学童期にかけての育て方
➡塾は必要か/ゲームは是か非か/スマホとのつきあい方
➡躾と体罰について

●社会の変化と子育てへの影響、特に〝子どもの貧困〟について

先生が必要と考えられたテーマを自由に増やしてくださって結構です。
何卒、よろしくお願いいたします。

図1　企画書

い子に対して、親がどういう導きをしていけばいいのかわからなくなっていること。だからこそ、児童精神科医の杉本教授に、子育てにおいて何が一番大切なのか、何が基本なのか、迷える親の指針になるような一冊を書いてほしい、ということを。ミサキには子どもがいないが、30代に入り、子育てに奮闘している同級生達の顔を思い浮かべながら、企画書を書いたのだ。

だが、そんな企画書に、教授はたいそう不満な様子だ。怒らせてしまったのか、と顔を青くしたミサキを尻目に、教授が踏ん反り返って語りだした。

「あのね、君が言いたいことはわかるよ。でも、子育てに大切なことっていう具体例がこれかね。

よい子に育つための話しかけ方、よい子に育つための習慣のつけ方、よい子にするための親の心構え、という」

「はい。長年の先生の経験から、よい子に育てるための〝コツ〟をご存じではと思ったのですが、不適当でしたでしょうか？」

それを聞いた杉本教授は深いため息をついた。

「君の企画には大きなズレがあるんだよ。私が出会うのは、困っている子どもとその親や養育者だ」

「あの、だからこそ……」と言うミサキを遮《さえぎ》って、「これはしない方がいい、ということ、子育てで問題になりそうなことは嫌というほど見てきているんだ。だけど、した方がいいことなんて断定できないんだよ。コツなんてもってのほかだ。君達マスコミは皆、一つの答えを求めすぎなんだ」と言った。

「つまりどういうことでしょうか？」

子育てにコツはあるの？

ミサキのわからなさに、教授はさらにイライラをつのらせたようだが、あきらめた調子で語りだした。

「タバコは、体に悪いってはっきりしているだろう？　でもタバコを止めるということが、イコール健康を保証することにはならない。タバコを全く吸わなくても肺ガンになる人はいるからだ。不健康になる道筋は明らかでも、健康になる確実な方法は明らかでない。このように、君の企画書にあるような、誰しもがよい子になれるコツというものはおそらく存在しないんだ。たとえば君は、スポーツをすることは健康に良いと思っているのかね？」

ミサキは、毎年東京マラソンに出るほどのジョギング好きだ。「もちろんです。毎日走っています」と言って大きく頷《うなず》いた。

「じゃあ、オリンピックのマラソン競技は健康と言えますか？　マラソンに限らないよ。女子プロのスポーツ選手は、ものすごい無理を体にかけて不健康きわまりないでしょう。女子選手は生理が止まったり、必要な脂肪さえ落としたりする。命も短命な人が少なくない。

それに、戦後長らくダイエットが大流行しているけれど、これはいいことなのかね？　私のような体型はメタボだと呼ばれ、自己コントロールができない人間だという非難までされる始末だ。なぜ、ダイエットが男女問わずこんなに広がっているのか。これはマスコミに大きな責任があるんじゃないのかね」

杉本教授の言いがかりのような話に、思わずミサキは「肥満は高血圧症、心臓病、それからガンも引き起こすんじゃなかったですか？」と相手のぽっこりと突き出たお腹を見ながら反論したが、ミサキの言葉は無視されて、さらに話は続いた。

ダイエットの弊害

「最近、思春期やせ症というこころの病気がとても増えていることを君も知っているだろう。この病気が良くなる割合は、半分にも満たないんだよ。[1]しかも、ダイエットをしてい

1　Jagielska G, Kacperska I. (2017):Outcome, comorbidity and prognosis in anorexia nervosa. Psychiatria Polska, 51(2):205-218.

た母親から生まれた子どもは、肥満傾向になりやすく、他にもさまざまな問題が起こることが明らかになっている」

「え、そうなのですか？」

「エピジェネティクスって言うんだけどね。環境からの刺激で、遺伝子のスイッチがオンになったりオフになったりする現象のことだ。

すごいダイエットをしていて飢餓状態のお母さんのお腹の中で育つと、妊娠の早期に、子どもはどうやら外の世界は飢饉らしいと受け止める。すると結果として、その飢饉に対応するために、子どもは肥満になる[2]」

「まさか！　そんなことが起こるんですか……？」やせたお母さんからは、やせた子どもが育つのでは〝ない〟とは、驚きだ。

「あのね、こんなことも結局、やせた体型が美しいとあおり立てる君達マスコミの罪だよ。だいたい、日本人のずんぐりした体型に小顔でスレンダーなんて無理すぎるんだ」

「日本人の体型も、ずいぶん変わってきたと思います。野球の大谷翔平選手なんて背は高いし、小顔だし……。女性も世界的なミスコンテストで優勝しているじゃないですか。それに、マスコミだって、あくまでも推奨《すいしょう》しているのは健康的なダイエットですよ」

その言葉を聞いた杉本教授は、呆《あき》れ顔になった。

「ほらね、マスメディアは自らの力に無自覚すぎる。インターネットで検索してごらん、戦後すぐのモデルさん達は今の芸能人に比べてまだふっくらしていたんだ。けれど、年々、ガリガリのモデルや女優達がテレビや雑誌でもてはやされるようになっていった。そして、それと比例するかのように、患者達も変わっていったんだ。

自分が若い頃に会った思春期やせ症の患者さんは、文字通り〝思春期〟の女の子ばかりだった。成績のいい美人の子が多いとも言われていたんだよ。ところが、最近はといえば、おばさんから小学生まで、それも成績も容姿も無関係。さらには男の子の症例まで増えている。老若男女、やせているのが良いことだとマスコミに洗脳され続けてきた結果が患者の多様化と拡大を引き起こしているんだ、さらにね……」

まだまだ話したそうな教授を見て、本題に戻らなければとミサキはかぶせて話を切りだした。

「あのう、先生。方法にはいろいろあって、極端がよくないこと、その中にリスクがあることもよくわかりました。こうした両面性が子育てにもある、ということですよね？」

2 Gluckman PD, Seng CY, Fukuoka H, Beedle AS, Hanson MA. (2007):Low birthweight and subsequent obesity in Japan. The Lancet, 369:1081-1082.

子育ての両面性

「そうなんだ。たとえば子どもに関心を持たず、全く声かけをしなかったらネグレクト（育児放棄）で、とんでもないことが子どもに起きてしまうのは当然だ。だが、ずっと子どもを見続けて、一挙手一投足に声かけをしたら、それがすばらしい子育てなのか、というと疑問だ」

「だからこそ、ちょうどいい声かけのコツをお教えいただきたいのです」

「子育てとは、とても手のかかる作業なんだよ。僕自身、自分の子どもを上手く育てられたかというと全くわからない。なにせ僕の子ども達は、僕に似てみな多《た》動児《どうじ》だった。子どもに一つ親の言うことを聞かせるのにどれほど苦労したことか。

ところが、同僚の矢野先生のお子さんは本当によい子でね。この間、その子も交えて一緒に食事をしたんだが、お母さんが0・5言えば、それで十分伝わってしまう。このようにね、個人差があって、子ども本人の気質の違いでかなり左右されるのが子育てなんだ。子育てのコツなんてものを一般論にして本を出すのは不可能に近い、というのが事実だ」

「それでは、今のようなお話も踏まえて、極端に偏らない、嘘のない本を書いていただけませんでしょうか」とミサキは食い下がった。

「ふん！　書かないと言っているんじゃないさ」と急に子どもっぽい口調で杉本教授が答

えた。「でも、極端に書かないと、売れる本にならないぞ。すぐ答えを知りたいというのは、読者の本音だろう。それでも君はいいのかね？」

ミサキは、売れないと上司に白い目で見られるという恐怖心が湧き上がったが、「ええ、結構です」と小さな声でつぶやいた。企画が無しになるよりは、いい。

「うん、そうだな、君が聞き手になってくれ。それで、企画書の項目に沿って話をしよう。読者の目線にも近いだろうし、君のピントのずれた疑問は反面教師になるだろう。対談にすれば、自分で書きあげる作業も省エネになる。さっき話した矢野先生にも手伝ってもらえればなおいい。よし。それなら、僕はこの話に乗るよ」

あっという間に企画の骨子《こつし》が決まってしまった。ミサキは対談でいくのはどうなんだろうかと一瞬躊躇《ちゆうちよ》したが、一方で自分が狂言回しになった方が、どんどん話がずれていくこの教授をコントロールできる可能性もある、とすばやく頭の中で計算を働かせた。そもそも、この企画は有名な杉本教授の名前が売りなのだから、気持ちよく仕事してもらわなければ。

「わかりました」

「じゃあ次回また。さあ、帰ってくれ、僕には山ほどの仕事があるんだ」

「大変な先生と知り合ってしまいましたね」とでも言いたそうな事務の女性の笑顔に見送

られ、ミサキは大学をあとにした。

第1章　子育ての基本

子育ての基本の基本

約束の日。時間通りにミサキが研究室に訪れると、すでに杉本教授は深緑の二人がけソファに腰掛けて待っていた。

「ミサキ君、1週間ぶりだね。さあ座りたまえ。コーヒーを淹《い》れたところだ」と言われたので、ミサキは遠慮なく勧められた椅子に腰を沈めた。どうやら今日の教授は穏やかそうだ。

杉本教授はさっそくミサキの企画書を取り出した。

「君が最初に聞きたいことは、〝子どもの育ちにとって一番基本的なこと〟だったね」

「はい。まずは、基本中の基本をお伺いしたいのです」

「種としてのヒトの子どもは、結構丈夫な生き物だと思うよ。そうじゃなくちゃ、こんなに地球上で増殖しているはずなんてないからね」

ミサキは思わず面食らった。ヒトの子ども？ 人類史の話がどうやら始まってしまったようだ。

「人口が膨れ上がった結果、大切な地球の環境を壊し、地球の生態系には危機的な変化が起きている。

たぶんヒトという存在は、他のすべての種にとって、危険極まりないものなんだろう。

嫌われ者だよ。ヒトと友人になってくれるなんて、犬ぐらいのものだ。うん、犬というのは随分特殊だね。僕も家に犬がいるんだがね、犬というのは常にヒトと一緒にいたがって、かわいいんだ」

今度は犬の話になってきた。話が脱線するのは杉本教授の悪い癖らしい。

そこでミサキは、「なるほど。でも、そんなヒトの子育ては、とても手がかかるんですよね」と、質問をした。

「そうそう、そのとおりだ。ヒトの子どもは、少なくとも生まれてしばらくの時期は、脆《ぜい》弱《じゃく》な存在であるのは確かだ。全面的なケアが何年も必要だし、中学生になっても親の存在は重要だ。子育ての期間はとても長いと言っていい」

ミサキの思惑通り、教授は子育ての話に戻ってきてくれた。

「では、どんな環境を子どもに用意してあげればよい子に育つのでしょうか?」

杉本教授はむっとした顔をして「ほら、こんなところがマスコミの悪いところだ。ワンパターンを求める」とつっけんどんに言い放った。

「あのね、環境のみで子どもの性質が決まるわけじゃない。子ども達の持っている、生まれながらの気質、つまり遺伝的な素因で、ある子には良いことが、別の子にとっては悪いこともある。君は前回、僕の話をちゃんと聞いてたのか?」

そう言いながら深いため息をつく教授に、ミサキは馬鹿にされた気がして、思わず「じゃあ、遺伝子で決まってしまうんですか？　そんなの不公平じゃないですか」と詰めよった。

「いや、だから、エピジェネティクスの研究の進化をこの前話したじゃないか。最近は、これまで考えられていた以上に、遺伝情報というものが生涯変わらないというほど固定的なものじゃないことがはっきりしてきたんだ。

つまり、用意されていた遺伝子が、適切な時期に適切な刺激を与えられることでスイッチが入り、次の発達へと展開していくんだよ」

「えっと、先生がおっしゃりたいのはどういうことですか？」

「子育ての基本を君は聞いたけれど、僕が言いたいのはね、〝子育てのスタートは、母親のお腹の中から考えないといけない〟ということなんだ」

妊娠するということ

「ええっと、先生のお話についていけないのですが。もちろん妊婦さんは大事にしないといけないですよね。電車では席を譲ってあげないと、とか」

ミサキは、教授の話の展開が読めなかった。

「いや、そんなことを言っているんじゃない。もちろん、妊婦さんは転んだり、圧迫されたりしないよう気をつけるべきだ。だが、妊娠中に運動をしないのは良くないという報告もある。マタニティ水泳とか流行ってるじゃないか。あ、もちろん運動が大事だなんて言い切れはしないけど」

「つまり⁇」

杉本教授は急に神妙な顔つきになり、しばし考え込んだかと思うと、おもむろに口を開いてミサキに尋ねた。

「あなたには、お子さんがいますか？」

「え……。いいえ」

ミサキは、いきなり自分のことを聞かれるとは思わず、口ごもってしまった。

「結婚指輪をされているようだから。今、おいくつですか？」

「35歳です」

「うん、君も実のところ意識しているのではないか、と思うのだけれど。

一般論として、ある年齢を超えると自然妊娠が難しくなって不妊症が起こるし、妊娠期の問題も起きやすくなるんだ。染色体異常による流産率や、出産トラブルの可能性も高くなる。いわゆる〝障害〟が子どもに出やすくなるんだな」

「知っています。でもなぜそんなことを急に……先生は、私が子どもをまだ産んでいないことを責めてらっしゃるんですか⁉」

「いやいや、待ってくれ。こういうことを女性に向かって言うこと自体、デリケートな話題だとはわかっているんだ。今僕は、君と子育てで一番大切な基本について科学的な話をしたいんだよ」

「わかりました。すみません、ちょっと過剰反応してしまいましたね」

実のところ、ミサキは焦っていた。高齢になると妊娠しづらいのは頭ではわかっているが、会社は男性社会で、産休育休を取ることは編集者キャリアの断絶になりかねない。もう少し、仕事の経験を積みたい、ということでミサキは揺れていた。

「えっとね、高年齢で妊娠状態を作り出すことは、リスクを伴う。これは誰も否定できないだろう。ヒトは生き物なのだから。この基本中の基本、〝ヒトは生き物〟だということが、これまでの子育て本の中できちんと言及されてきたとは言い難いんだ」

「他の動物や植物と同じ、生き物のヒトとしてということですね?」


高校生出産がベスト⁇

「多分、そうしたリスクを負わないようにするなら、生物学的にはヒトは高校生~20歳ぐらいで妊娠出産するのが最適だ」と杉本教授が言った。

「え！」

このオヤジはまた何を言い出すんだ。高校生で妊娠なんて非現実的すぎる。それに、もしそんなことを書いて、子育て中のお母さんから総スカンを食らって本が売れなくなったらどうしよう。２０１５年の調査では、日本人女性の初産の平均年齢は30・4歳だというのに。

「先生は、若ければいい、と本気でおっしゃっているんですか？」

「もちろん、そんなことはないさ。高校生や、はたまた中学生の妊娠出産は、社会的にも大変困難になりやすい。経済的な問題や離婚が起きやすいことは君も見聞きしているはずだ。

そもそも、若い女の子が性的体験をしてしまうこと自体、きちんと親から保護されていない状態が背景にある場合が多い。つまり、親からのネグレクトがあると、若年の性交渉や、その結果としての妊娠出産が起こる確率が高まる。当然そのレベルはさまざまだが、安定した家庭を築けない状態では良い子育てなんか無理だろう」

それを聞いて、ミサキは少し安心した。

「生物学的に適した妊娠出産年齢と、安定した子育てができる時期が一致しないということですね」

「そうなんだ。０歳の最初の数ヵ月の子育ては本当に大変だ。赤ちゃんは数時間おきに泣いて、お乳を飲ませなくてはいけないし、お母さんはその間つきっきりになる。母親が安心して育児に専念するためには、その家庭環境が安定していないと。高校生出産ではそこがね……」

結局、精神的にも社会的にも経済的にも安定しないと、子育てなんか無理じゃないか。でも、体のタイムリミットは追い込んでくる。ミサキはなんだかモヤモヤした気分になってきた。先日も、両親から子どもはいつ産むつもりなのかと問い詰められ、逆に男性上司には仕事をさらに頑張れと言われたことを思い出した。

「先生、そんなすべてが揃《そろ》う時期なんて無理じゃないですか」

「そうだよ。でも今時、すべてが安定するなんて何歳なら叶うのかね。君だって、仕事が、と言っていたけれど、いつその環境は整うんだ。そうこうしている間に、ってああ、ごめん、責めているわけじゃない。一般論としてだ」

ミサキが涙目になったのを見て、杉本教授は黙った。目を白黒させながら、顔を覗き込んできた。

男性のリスク

「いやいや、すまないね。ついでに付け加えると、妊娠出産では女性の年齢ばかりがこうやってクローズアップされるが、男性だってそうなんだ。男性も50歳近くなるにつれて、精子が劣化してくる。

あとで述べる発達障害の一つ、自閉症スペクトラム障害の出生と関連を持つものは、出産のときの母親の年齢ではなくて、どうやら父親の年齢みたいなんだ。まあいろいろなデータが出ているがね。詳しくは発達障害がテーマの時に話すよ」

「それは驚きですね。これまで聞いたことがなかったです。発達障害と父親の年齢にそんな関係があったとは」

「だから、君の旦那の年齢が若けりゃ、リスクを減らせるだろう」

「でも、現実的に皆が皆若い時になんて難しいですよ！」

「そもそも、妊娠出産、子育てというものは、年齢にかかわらずそれなりのリスクを抱えたものなんだよ」

「だからこそ、お母さん達はそのリスクを減らそうと、必死になっているのではないですか？　どうすればリスクを減らせるんでしょう？」とミサキが質問を投げかけた。

「またうんざりすることを言う。君達マスコミが、そうして必死にやらせているのが、サプリメントだの良いと言われている食品の摂取だのだろう。君の企画書にも例としてあったけれどね」

「妊婦と食べるものは関係ない、ということですか？」

「いやいや、これもいろいろな報告があって一概には言えない、ということだよ。そんなことより、結局は若いうちに産んじまうというのがまずは大事なのだと思う。そして、子育てに関しては、革新的なアイデアがあるんだ」と杉本教授が大きな目をキラキラさせた。

保育園は有害？

「どんなアイデアですか？　できるだけ若いうちに、バランスの良い食事をとったり、タバコのような害になるものを避けたりする、ということなんでしょうか」

「また君は」と教授はため息をついた。

「多少バランスの悪い食事をしていても、ドメスティック・バイオレンス（ＤＶ）が起こっている家庭で育つよりはましだろうね。

　この前、相談を受けた親子なんか、夜中に酔った旦那が怒鳴り出すと、母親は寝ている赤ちゃんをわざわざ起こしていた。赤ちゃんを盾にすれば旦那が殴らないからと。０歳児こそ睡眠を取らせる必要があるのに」

「そんな極端な話をされても……」

「極端なことなんかあるかい。皆わざわざ表に出さないだけで、そういう家庭はごまんとあるんだ。

革新的なアイデアというのは、親の働き方を変えるということだよ。ちなみに、僕が最悪だと思っている父親のタイプは、超有名企業に勤めるホワイトカラーのビジネスマンだ」

「え、お給料も高いし、安定してそうなのに、どうしてですか？」

「彼らは、平均朝7時に家を出て、夜の11時とか12時に家に帰ってくる。彼らの多くは都市部に住む核家族だ。しかし、0歳の育児は夫婦が協力しないとできないことがいろいろある。こうした父親が、育児を分担しようとすると、帰宅してからになるだろう。結果、赤ちゃんが寝るのが午前1時過ぎということが平気で起きてくるんだ。

赤ちゃんの立場からすれば、先ほどのDV家庭と同じ状態だよ。それに日中ずっと赤ちゃんと二人でほうっておかれる母親の孤独感は計り知れないだろう。産後うつになってしまうのも無理はない」

ミサキは絶句してしまった。

「まあ、今の日本は、経済活動にすべてのエネルギーが吸い取られていて、子育てという、次世代の労働力の再生産まで足を引っ張られているんだがね。その結果が少子化だ。第二次世界大戦中、全てのエネルギーが軍に吸い取られて歪んでしまったのとどっこいどっこいだよ」

「でも、男性の育児休職も徐々に認められてきたじゃないですか？」

急に第二次世界大戦の話が出てきたが、ミサキは無視して聞いた。すると、杉本教授は
「ふんっ」と鼻をならして答えた。

「制度としてはね。でも、実際取得するのはムチャクチャ大変だし、公務員と一握りの恵まれた企業以外は絵に描いた餅だ。

それどころか、認可外保育園の設置基準をゆるめて、保育の質を省みることなしにどんどん増やそうとしている。職も不安定で給料も減っているから、共働きせざるをえない家庭も多いだろう。父親も母親も0歳から子育てに向き合わない方向に進んでいるんだよ」

教授はたいそう憤慨しているようで顔が真っ赤になっていた。

「けれど、女性だけが育児や家事を押し付けられていた過去の日本のあり方は、どう考えてもおかしいと思います」

「もちろんさ。でもね、子育てよりも目先の経済を優先するという今の方向が良いとも思えない。

僕はアメリカの西海岸の研究所に留学経験があるんだが、そこはスタッフ同士が夫婦ということも多かった。こうした家庭は、母親は産休明けですぐ職場に復帰して、父親も育

休はとらず研究に没頭し、親代わりとしてヒスパニック系のベビーシッターを雇っている。そうすると、赤ちゃんが最初に覚える言葉が英語じゃなくて、スペイン語だということも普通に起きてくる」

「そのどこが問題なんでしょう？」

話が世界規模になったため、ついていくのがやっとだったが、ミサキは目を白黒させながら尋ねた。

「言い方は悪いが、母性をお金で買って育児をさせているわけだ。

これが女性の真の自立ということなんだろうか。子どもの側からしたら、きちんと向き合って、きちんと育ててくれる大人が欠かせないんだよ。

僕自身は、愛着の形成期である3歳くらいまでは、子どもに振り回される大人の存在が欠かせないと思う」

「愛着の形成期……、要は子ども主体につきあう大人が必要ということですね」。なら、きちんと向き合う大人がいれば、血の繋《つな》がった親じゃなくてもいいのではないか。そう思ったので、ミサキは「保育園ではだめなのですか？」と聞いてみた。

「だめじゃないさ。けれど、ベストの保育をするにはいろいろとクリアしなければいけないことはあるよ」

「保育園が有害なわけではない、ということですね。ふーむ。とりあえず、ここまでのお話をまとめると、

●男性も女性も、高齢妊娠・出産のリスクを意識すること
●3歳くらいまでは、子ども主体で子育てする大人が必要

ということですね。

では、あらためて何が一番大切なのでしょうか？」


キーワードは何？


「一番か……」

杉本教授は考え込んでしまった。

すると、メガネをかけた女性がやってきて、冷めたコーヒーを淹れ替えてくれた。先日、受付にいたあの女性だ。どうやら教授の秘書らしい。

「コーヒー、あたたかいものに替えますね。取材は進んでおられますか？」と聞かれたので、ミサキは「ええ、今、0歳の子育ての基本をお伺いしていたんです」と答えた。

女性のメガネが一瞬キラリと光ったかと思うと、「先生は、さまざまなご家庭を見てらっしゃるから」と言って立ち去った。

「ふむ、彼女の言う通り、正直、いろいろ見すぎているかもしれないな」と杉本教授がつぶやいた。

「では、先生、何かキーワードとなるようなものはないんでしょうか？　これが子育ての基本だというような」

またマスコミはすぐ答えをほしがる、と怒られるかもと思ったが、ミサキは思い切って聞いてみた。

すると、教授は素直に語り出した。

「そうだね、一言で言えば〝安心〟だよ」

「安心というと？　誰にとっての安心ですか？」

「母親と子ども、両方さ。

妊娠中から母親が安心していること、出産授乳期を通して安心して赤ちゃんに向き合えること。それから愛着を作り上げる時期、あとで愛着については深く話すけどね、赤ちゃんが親に信頼を寄せる親子関係を作るにも欠かせないキーワードが〝安心〟だ」

「なるほど。お母さんが安心した状態で育児に向き合えること。そしてお母さんが優しく抱きしめて、愛情を注いでくれると赤ちゃんもほっとしますね」

ミサキは、ようやく納得できる話を聞けたと満足した。なのに、杉本教授はニヤニヤしながら首を横に振る。どうも話の主眼が違うらしい。

「いや、これも発達障害が関係あるんだよ。例えば、発達障害の一つである自閉症スペクトラム障害を持つ子ども達がいる。彼らの多くは、知覚が過敏に反応する症状を持っている。するとどうなる？　普通に抱っこしただけで、ぎゃーっとパニックになってしまう。ちょうど、正座で痺れた足を急につかまれたようにね」

「でも、それは例外のお話ですよね」

「何が例外なもんか、10人に1人はその傾向があるという研究もある。だから抱きしめることが良いとは断定できないんだ。これも一概に良いこととは言えない例だな。

ともかく、話を〝安心〟に戻そう。旦那さんが奥さんを日常的に殴っていたら、親子ともども安心なんかできない。さらに、〝お前が生まれたから離婚できないんだ〟というメッセージを母親からずっと受け取っていたら、子どもは安心どころじゃない。家庭の安定した状態が大切なのは当然のことだ。

だが今、世界を席巻《せっけん》している、99％の人からお金を搾取し、1％の金持ちだけが得をするような新自由主義の社会では、格差は広がるばかりだ。貧困に直面して、もしくは貧困に陥ることを恐れて、親は安心できるだろうか。子どもはお金がかかる。子どもを大事に育てたいと思っても、それが十分叶えられる社会情勢と言えるのか」

「えっと……、先生がおっしゃりたいのは、今時安心して子育てをするのは無理、ということなんでしょうか？」

ミサキは再び、杉本教授がたたみかける話にあっけにとられた。

「ああ、君が聞きたいことはわかっている。世界的な社会問題よりも、日常で役に立つ情報が知りたいのだろう？

ふん。生まれた子どもが、0歳から3歳ぐらいの間は、子育て中の両親は、ともに働く時間を減らす。これが一番だ。

そして、幼い子どもを持つ親が経済的にも安心できる社会情勢を整える。さっき革新的なアイデアと言ったが、たとえば父親が1週間のうち3日間働き、母親も3日間働くシステムとかね。1人だけ働いて週休2日よりも総労働時間は長いよ。そして、男も女も赤ちゃんとしっかり付き合う。これが理想だな。

ついでにホルモンかなんかを注射して男性も母乳が出るようになれば完璧だ！」

「……先生、男性の母乳の件はさておき、やはり親が安心した状況で、3歳くらいまできちんと向き合うということが重要なんですね」

ミサキは、今回の対談はこんなところが結論かとまとめに入った。

「いや、もう一つ重要なことがあるんだ」

杉本教授が再び、真剣な表情になった。

生命の規定

「ミサキ君、研究室の窓の外を見てごらん」

研究室の外に目をやると、大きな木が風に葉を揺らされながら、太陽の光を受けて輝いていた。

「この楓《かえで》の木の枝には鳥が止まり、木の下には苔《こけ》が生えて、土の中には多くのバクテリアがいる。この窓を切り取った世界だけでも、沢山の生命が溢《あふ》れているだろう。生命はなぜかくも多様なのか、と僕はいつも感嘆を禁じ得ない。微生物まで含めて、多種多様な命が互いに支え合い、絡み合って複雑な生態系を織りなしている。

って、おいおい、また鳩が豆鉄砲を食らったような顔をしているぞ」

ミサキはあんぐり開けた口を慌てて閉じた。子育ての話からいきなり、生態系の話に変わってしまったようだ。教授の話はこちらの思っている範囲を自由に飛び越えてしまう。だが、何かとても大事な話をしているのだということだけはミサキにもわかった。

「こういう話は年を取らないと実感が持てないのかもしれないな。生命というものは、環境に適応してゆくために、自らの改革を繰り返した。そしてその結果として、多様な形態をした多くの命が、共に生きて支え合う仕組みを選んだんだ。深海のマグマが噴出するような極限と言われる地であっても、いろいろな生物が互いに支え合って生きているようにね。

つまり、生命はその本質において、多様性を愛する。そうでなければ自らが生き延びることができないからだ」

「多様性、というものが生命のあり方なのですね」

「そうだ。生命は多様でなくては。単一の形態は実に脆《もろ》い。種としても、社会つまり生態系としても、個としても。そして、生命を多様なあり方へと成長させる原動力はなんだと思う？」

「え、なんでしょうか？」

「それは、好奇心だよ。

ヒトの子どもに限らず、哺乳類の子ども、さらには鳥の子どもであっても、巣立ちの時には、これから何が起こるんだろう、世界には何があるんだろうという喜びに満ちている。高い学習能力を持つ哺乳類や鳥類の知能の本質というものは、新しいものへの好奇心なんだ。そして、好奇心によって、住む環境を変えたり、個体によってさまざまな変化を起こす。

好奇心に導かれ、多様なあり方へと成長することは、地球上の生命として文明の存在以前に規定された基本的な育ちのあり方なんだ」

「なるほど。子育ての基本の基本がヒトも生物であること。さらにその生物の基本が、多様性と好奇心であると」

「多様な子ども達が、好奇心に支えられて多様な成長をしていくこと、それが良いことなんだ。もしそれが妨げられるとしたら、それこそが子どもの育ちに困難をもたらすだろう」

「あ、だから教授は、マスコミが一つの答えに飛びつくことをあれほど嫌がってらっしゃったんですね。そして、人間は自らを特別だと思いがちですが、私達も生命の一つにすぎないということですね」

「その通りだ。さて、今日はこんなところか」

そう言って、教授は一息ついた。

「高校生の時に出産すべきと伺った時はびっくりしましたが、先生のおっしゃりたいことが少しはわかった気がします」

「それは良かった。君達マスコミが単一の答えに飛びつく癖をやめてくれることはとても良いことだ」

「ところで、愛着形成の時期だから3歳頃までとおっしゃっていましたね。次回はこの〝愛着〟について話していただけますでしょうか?」とミサキが話を振り向けると、教授は顎に手をやって考える仕草をした。

「愛着の話をわかりやすくするのは、ちょっと難しいんだよ。それこそ例外がありすぎて。僕のように臨床の経験が豊富にあると、かえって簡単にまとめることが難しくなりそうだ。愛着は大事な話題だからなぁ。そうだ、僕の教室の矢野君にお願いしよう」

「え、先生が話してくださらないんですか？」

「うん。僕は忙しいしね」と言ったかと思うと、そのまま電話をかけてあっという間にアポイントを取ってしまった。

「愛着の話の後は、〝発達障害〟についても矢野君に続いて話をしてもらうことにしたから。じゃあ、これで」

ミサキに返事をする間を与えないまま、教授は勝手に第1回の対談の終了を告げた。

ミサキのまとめメモ

○子育てのスタートは、妊娠から考えないといけない

→生物学的に適した妊娠出産年齢と、安定した子育てができる時期が一致しないが、母親に限らず、父親も若いうちの妊娠出産が本当は良い。

○3歳くらいまでは、子ども主体で子育てする大人が必要

→母親だけでなく父親も働き方を変える必要がある。

○子育ての基本キーワードは「安心」

母親・父親と乳児が安心できていること。

○もう一つのキーワードは「多様性」

子ども達が、好奇心に支えられて多様な成長をしていくこと。

第２章　愛着を巡って

杉本教授のもとで臨床と研究に携わっている矢野友二准教授の部屋を訪れたミサキは、きちんと整理されたシンプルな研究室に心地よさを感じた。そして、その部屋にぴったり似合うスリムで背が高い紳士が、笑顔を浮かべて迎えてくれたのだった。

挨拶の後、矢野准教授は、ミサキがかつて手がけた本を取り出して「あなたのこれまで編集されてきた本は、若い女性への温かなメッセージに満ちていますね」と見せてくれた。

「ありがとうございます。おっしゃっていただければお送りしましたのに」と言うと、「いやあ、いい本は自分で買わないとね」と准教授が言ったので、ミサキは嬉しくなってしまった。にこにことした優しげな顔立ちはいかにも子どもに好かれそうで、これぞ、児童精神科医といった風体だ。

「あなたの編集された本の中には、特に思春期のシリアスな問題をテーマにされたものも多いですね」

「私自身、思春期の頃は大変な思いをしたので」

「ああ、それが背景にあるんですね」

「私の父親はマンガ家の端《はし》くれだったのですが、ある時期不倫をして両親が不仲になってしまって」

ミサキは、研究室に漂う穏やかな雰囲気に、思いがけず告白してしまった。

「それはあなたが幼い時に?」

「いいえ、中学生になった頃です」

「ああそれは大変でしたね。男性なんて信じられないという気持ちになりませんでしたか?」

「もうそれは……。どうしても男性が気持ち悪くて。男性不信から回復するのに何年もかかりました。考えてみれば、もともと両親はギクシャクしていたんです。母が経済的に家庭を支えていて、父は居場所がないと感じていたようで……あ、私話しすぎました。先生を前にするとなんだか気持ちを聞いてもらいたくなっちゃって」

なんでこんなに話しやすいんだろう、杉本教授とは大違いだ。

「いえいえ、こんなこと言わせるつもりはなかったのにごめんなさい。今日は、愛着のお話、でしたね」

愛着とは

「あなたが対談に向けて、事前に送ってくださったメールには、愛着についてこう書かれていました。
●乳幼児が特定の人と築く情緒的な関係
●養育者と接することによって作られる

●大人になった時、社会的な行動に深く関係する大切なもの

これはかなり的確だと思いますよ」

「お褒《ほ》めいただき嬉しいです。親である読者に向けてわかりやすく、愛着が子どもと結ばれるために必要なことを解説いただけますでしょうか」とミサキが本題を切り出した。

「実は、一番肝心なことを、あなたのメモがすでに取り上げているんですよ。〝愛着〟は〝アタッチメント（attachment）〟という英語を訳した言葉なのだけれど、アタッチメントとはタッチするということ。つまり、触れてくっつくということです。日本語で言うなら〝近接〟ですね。日本語の〝愛着〟という訳語は、〝愛〟という漢字に引っ張られて、どうもニュアンスが変わってきちゃうんですけれど」

「〝愛〟は不要ということですか？」

「いえいえ、もちろん愛あってのことですが、大事なのは何のためにくっつくのか、ということなんです」

「ああ、赤ちゃんが〝安心〟するためですね」

「あなたはすごいですね！　ここはなかなかスッと伝わらないんですよ」

「いえ、前回、杉本先生から一番大切なキーワードは〝安心〟と教えていただいたので」

「杉本先生もやりますね」と矢野准教授はさらに笑顔になって、「では、この絵を見てくだ

図2　安全感の輪
（イラスト：山崎晃子）

さい」と図（図2）を見せた。

「この絵は、1歳を過ぎた赤ちゃんが愛着を結ぶ行動です。子どもが親から離れる、すると不安になる、それでまた親にくっつきに行く。すると元気になって再び離れ、また外の世界に探索に行く。これが繰り返されるわけです」

「これはいつ頃から始まる行動なのですか？」

「赤ちゃんは0歳の後半を過ぎると人見知りを始めます。つまり、安心できる人と、安心できない人の識別《しきべつ》を始めるわけです。そして不安に駆られると、お母さんに泣いて訴えて、じっと見つめます。

さらに月齢が進んでハイハイができるようになると、不安になったらにじり寄ります。この泣くという信号を出す、見つめる、接近を図るというのが、愛着行動です」

「つまり、愛着とはこうした愛着行動によって作られていくわけですね」

「その通りです。これが日常的に繰り広げられます。見知らぬ人が来た時、母親にくっついて安心を得たら、見知らぬ人にも徐々に興味を示したり、相手ができるようにもなります。つまり、お母さんの存在が安全基地となっているのです」

「これはお母さんじゃないとダメですか？」

「そんなことはありません。お父さんでも、おばあさんでも、まあ赤ちゃんが一緒に暮らしている安心できる大人であれば良いわけです。でも、どちらかというと、赤ちゃんは女性の方を好むようですけれど」

「どうしてですか？」

「それはやっぱり、お母さんがおっぱいをあげているからではないでしょうか。戻って来た時に、ついでにおっぱいをせがんで、母乳を飲むということがありますよね。まさにエネルギーチャージです。

くっつきながら食べ物ももらえるというのは、哺乳類にとってとても満たされることなのかもしれません」

「そう言えば、杉本先生は父親もホルモン注射を打って母乳が出るようになればいい、なんておっしゃってました。冗談かと思っていたら、意外と深い話だったのですね！」

ミサキと矢野准教授は、思わず顔を見合わせて笑いあった。

「では、保育園に行っている子どもの場合、愛着形成はどうなるのでしょう？」とミサキが尋ねた。母親が仕事を続けるためには保育園は欠かせない。

「子ども一人一人に対応できるだけの大人の数がきちんと揃えられている保育園であれば、全く問題ではありませんよ。保育園に行っている子どもの方が、ずっと母親が子どもに付き合っている場合よりも、親子関係が良い例が多いというデータがたくさん出ているんです。[3、4]それは今言ったように、保育士さんが十分いるゆとりある場合に限られますが」

「なるほど。待機児童問題が解消されない日本の保育園事情だと、厳しい所もあるかもしれませんね」

「そうですね。最近だと待機児童が多いことに対し、保育園を増やすのではなく、1園の受け入れ人数の制限を広げるなど、保育の質を落とす傾向にあるのは嘆かわしい限りです。もちろん、杉本先生などは、ある期間はできるだけ親が子どもに付き合ってあげた方が良

3 村上京子、飯野英親、塚原正人、辻野久美子（2005）：乳幼児を持つ母親の育児ストレスに関する要因の分析。小児保健研究、64（3）、425－431。
4 新井美保子（2007）：幼稚園・保育所における乳幼児の適正人数に関する研究。愛知教育大学研究報告、56、33－36。

いとおっしゃってますが」

「確かにそのようなことをおっしゃっていましたね」とミサキはつぶやいた。

養育者の内在化？

「話を愛着行動に戻しますね。乳幼児は、母親のところと外の世界を行ったり来たりしているうちに、徐々に離れる距離が長くなっていきます。やがて玄関に、さらに幼稚園に出かけていけるようになるわけです。そして、その間に大切なことが起きてきます」

「それは何ですか？」

「目の前にいなくても、お父さんお母さんのイメージを子どもが呼び起こすことができるようになるのです」

「え、どういう状態なんでしょうか？」

「理科で習う、質量不変の法則というものがあるでしょう。例えば、目の前に置いたコップを」と矢野准教授が空色のマグカップを机の下に隠した。そして「コップは存在しなくなりましたか？」とミサキに尋ねた。

「いいえ、机の下にあります」

「そうですよね。見えないところに隠しても、コップ自体が存在しないことにはならない。

こうして机の上にコップを取り出せば、変わりなく存在しています。でも、赤ちゃんの未熟な認知能力では、目の前にいない人は本当に消えてしまったと思うわけです。だから、命綱のお母さんが見えなくなると、とんでもなく恐ろしくなって泣き出します。

赤ちゃんは肌の触れ合いや、匂いとか、そうした近くのものを認知する器官は敏感です。けれど、遠くのものを認知する器官、つまり聴覚視覚などの発達は0歳後半からなんですね」

「なるほど。遠くのものをきちんと認知できないと、質量不変の法則はわかりにくい訳ですね」

「その通りなんです。いないいないばあ、という遊びがあるでしょう。赤ちゃんが夢中になりますよね。あれはまさに目の前のお母さんが消えたり現れたりするのがドキドキして嬉しい、という深い遊びなんです。

私は、愛着が形成されるに従って、養育者のイメージが子どもの意識の中に内在化すると考えています」

「内在化……自分の心の中に受け止めてくれる親がいつでもいるから、安心して冒険できるということですね。

この内在化はいつぐらいに完成するのですか？」

「個人差があるのですが、普通は3歳頃までには、と言われています。これが社会的な行動の土台になるのです」

矢野先生の話を聞いて、だから、杉本教授は前回のインタビューの際、3歳までは大人は子どもに振り回されるべきと言っていたんだ、とミサキは思った。

愛着の検査法

「子どもが愛着形成をどのくらいできているのか、判断することはできるのでしょうか？」
「ええ、人間にとって大事な愛着形成を科学的に調べるために、エインズワースという研究者がある方法を考え出しました」そう言いながら、矢野准教授は新しい図（図3）を取り出した。
「これは新奇場面法という愛着の検査法です。少しややこしいのですが、ついてきてくださいね。[5]
ある一室に、お母さんと子どもを入れて、二人で遊んでもらいます。次に見知らぬ人が入ってきます。そして、お母さんが部屋を出ていき、赤ちゃんと見知らぬ人だけになります。その後、お母さんが再び現れて、入れ替わりに見知らぬ人が退室します。さらに、お

5 久保田まり（1995）：アタッチメントの研究。川島書店、東京。

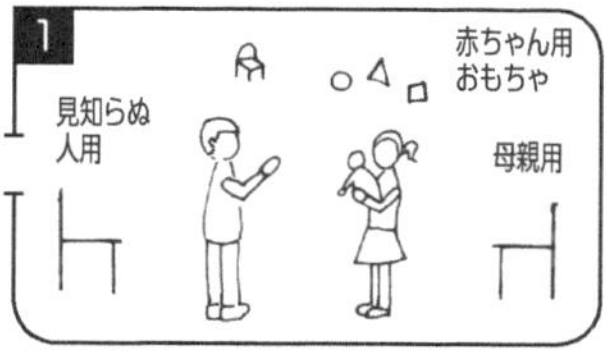

実験者が母子を室内に案内。母親は赤ちゃんを抱いて入室。実験者は母親に赤ちゃんを降ろす位置を指示して退室。(30秒)

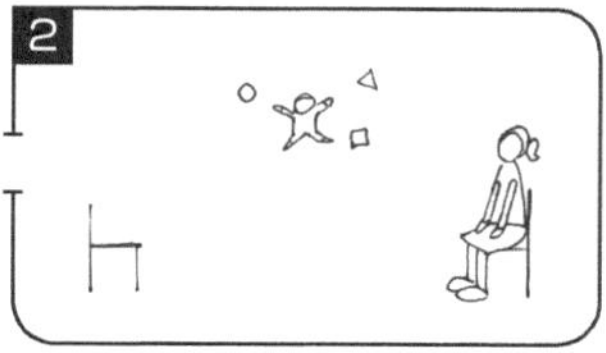

母親は椅子にすわり、赤ちゃんはおもちゃで遊んでいる。(3分)

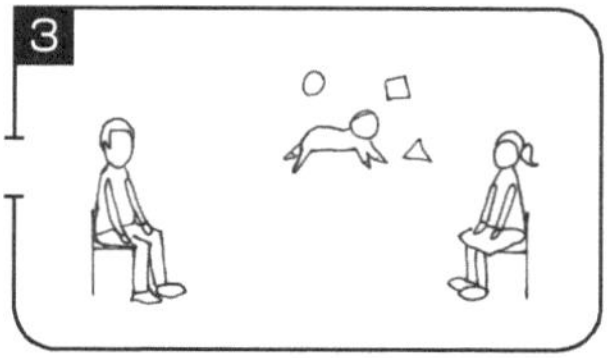

見知らぬ人が入室。母親と見知らぬ人はそれぞれの椅子にすわる。(3分)

1回目の母子分離。母親は退室。見知らぬ人は遊んでいる赤ちゃんにやや近づき、赤ちゃんと遊ぼうとする。(3分)

1回目の母子再会。母親が入室。見知らぬ人は退室。(3分)

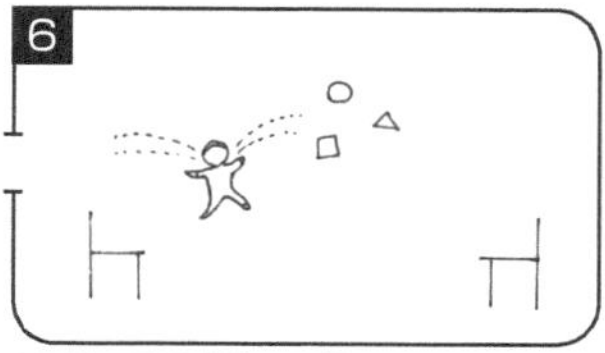

2回目の母子分離。母親も退室。赤ちゃんはひとり残される。(3分)

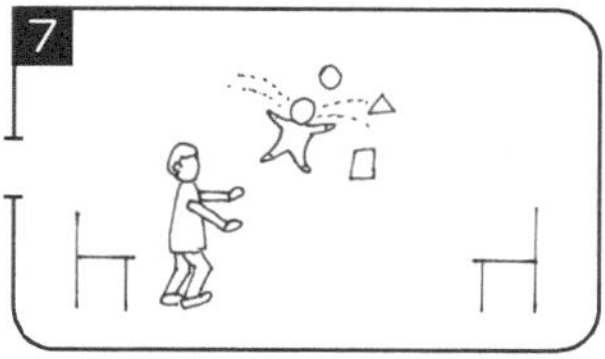

見知らぬ人が入室。赤ちゃんを慰める。(3分)

2回目の母子再会。母親が入室し見知らぬ人は退室。(3分)

図3　新奇場面法

母さんが出て行き、子どもは一人で取り残されます。そこに見知らぬ人が入って赤ちゃんを慰《なぐさ》めます。最後に、母親が入室して、見知らぬ人が出て行きます。

まあ、こんな面倒くさい方法ですが、全部時間が決まっていて、赤ちゃんはその中で、お母さんとの分離と再会、そして見知らぬ人の存在と不在を繰り返します」

「なんだか、大変な検査法ですね。赤ちゃんは大泣きになりそうですが」

「実は、全員の赤ちゃんが泣いたわけではなかったんです。いくつかの反応パターンに分けられることがわかりました。わかりやすくするために、絵で説明しましょう」と矢野准教授がミサキに4枚の絵を見せてくれた。

「あら、こちらも可愛いですね」

「ふふふ。特別にお願いして描いてもらいました。まずこの絵（図4）を見てください。

これは安定型とかB型と呼ばれるもので、このパターンの子どもは、お母さんとの分離では泣いて後追いをします。そして、母親と再会した時には大喜びでベタベタくっついて、すぐに気持ちを落ち着かせます。日本の子どもの場合、6割くらいがこのパターンだと言われています。

親もすぐ抱っこして子どもを泣き止ませて、子どもの出すサインにきちんと敏感に反応している。双方向のやり取りができている親子です」

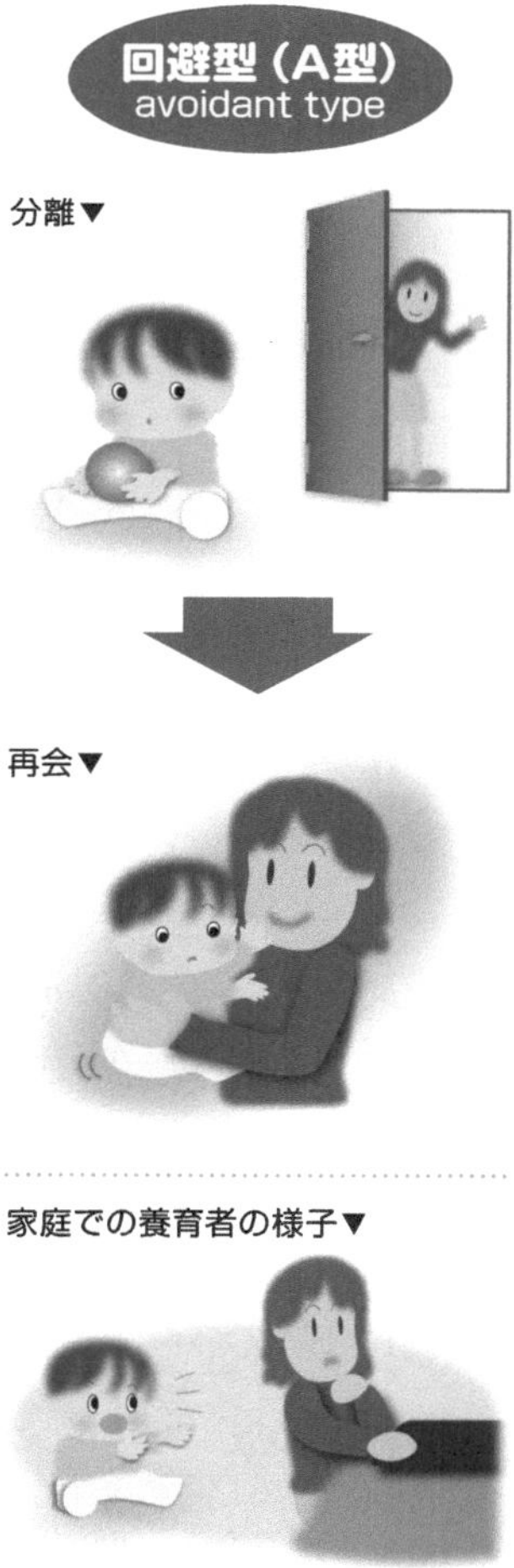

図5　回避型
（イラスト：山崎晃子）

図4　安定型

「なるほど。お母さんの存在に子どもが安心しているんですね」

「その通り、子どもが親を安全基地として認識しているんです。次が回避型とかA型とか呼ばれているパターンです」矢野准教授はそう言って、次の絵（図5）を示した。

「まず、母親との分離では、不安を示さず泣いたり後追いしたりしません。母親が戻ってきても、抱きつくのではなく目をそらしたりします。そして見知らぬ人が一緒にいても、母親にくっつくという行動はあまり見られません。このパターンは大体15％くらいだと言われています。

このような親子関係は、子どもの働きかけに親がきちんと相手をしていなかったり、子どもが泣いている時に、慰めるのではなく叱《しか》ったり避けたりしてしまっていた傾向が強い場合に起きると考えられています」

「うーん、このパターンの親はなぜ叱ったりしてしまうんでしょう」

「つまり、子どもの行動に対して、コントロールしようとする傾向が強い親なんです」

「なるほど。子どもに合わせるのではなく、子どもを大人に合わせようとしているんですね。あまり望ましい形じゃないと思うのですが、どうしてこれがA型というんですか？」

ミサキは、アルファベットの順番がAとBで逆なのではないかと訝《いぶか》しんだ。

すると矢野准教授はびっくりした顔をして、「あなたは鋭いですね！」とミサキを褒めてくれた。

「これはアメリカの研究者によって編み出された検査法です。ミサキさんは、欧米の子育て法と日本での子育て法の大きな違いはなんだと思いますか？」

「えっと……確か、アメリカの赤ちゃんはとても幼い頃から一人のベッドで専用の部屋で寝かされますよね。対して日本では〝川の字に寝る〟という」

「まさにそうなんです！　寝方の違いは最もわかりやすいですが、西洋では、大人の世界と子どもの世界は分けることがいいこととされています。だから母親の分離に不安を示さない子が最も良い子、と考えられてA型と名付けられました。

私がよく杉本教授に言われていることは、西欧、特にアメリカと日本は子育ての文化そのものが大きく違うのだから、西欧の結果をそのまま鵜呑《うの》みにしてはいけない、ということです。愛着を研究している世界中の学者にとっては、今ではB型が最も良い愛着関係として、基準に考えている人が多くなっているようですが」

「なるほど。後の2枚の絵はどういったものですか？」

「次が、アンビバレント型とか、C型と呼ばれるパターンです（図6）。1割程度に認められます。分離の時には大泣きして、激しい不安や混乱を示し、再会時にはべたっとくっつくだけではなく、母親を叩いたり攻撃したりします。このC型の場合、親が自分の気分の都合で子どもと関わっていて、子どもの様子に敏感に反応することができていないんですね。こうした親だと、子どもの側も不安定になって、一貫性のない行動をとることが多くなります。そして、ここまでのB型、A型、C型が普通の親子関係と考えられています」

「ということは、最後の1枚は〝一般的ではない〟ということですか？」

無秩序型の愛着

「これはね」と言いながら、最後の絵に話題が移った。

4枚目の絵（図7）には、なんだかおどおどした子どもの姿が描かれている。

「無秩序型とかD型とか呼ばれるパターンです。母親との分離はあっさりしていて、その後の再会の時には目を合わせずに顔を背けたまま親に近づいたり、しがみついたかと思うと離れてしまったりと、養育者に対してどこか怯《おび》えたような仕草を見せます。また逆に、見知らぬ人にはベタベタとくっつきます。これが15％くらいと言われています。では、このパターンを示す親子関係はどんな関係だと予想しますか？」

「うーん。養育者に対して赤ちゃんが怯えているんですよね。赤ちゃんがよく叱られているとか？」

「そうです。いわゆる子ども虐待が行われている時に起きてくるパターンなのです。

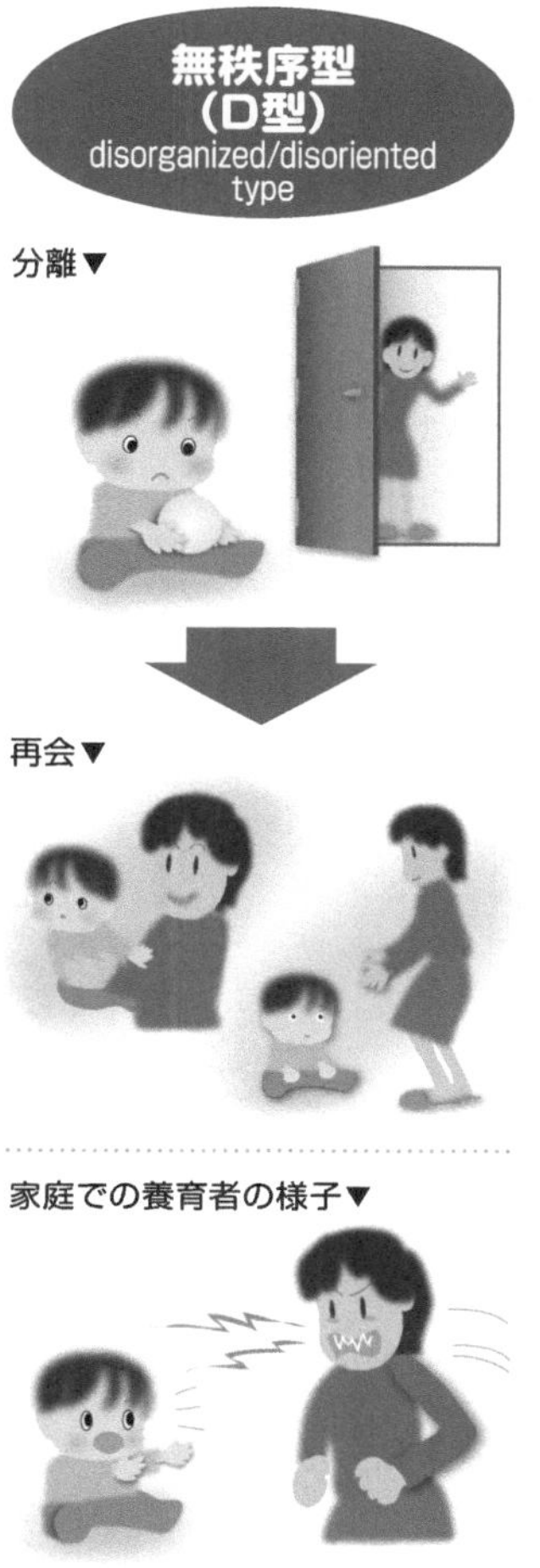

図7　無秩序型
（イラスト：山崎晃子）

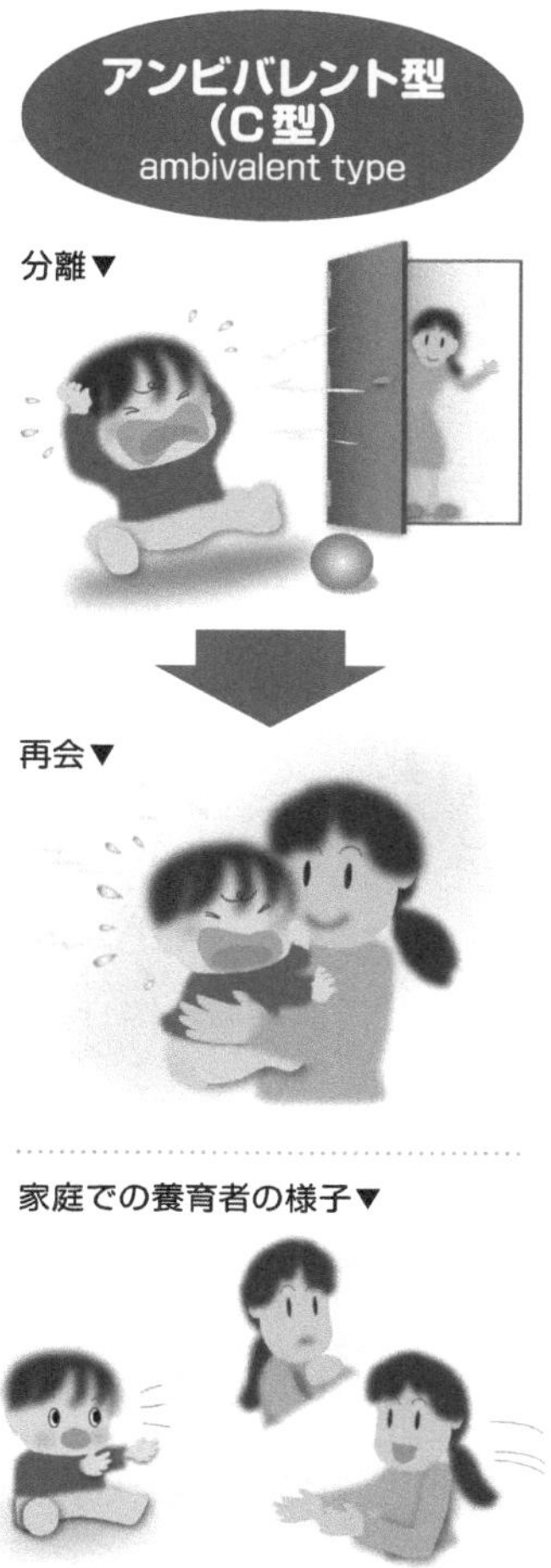

図6　アンビバレント型

ですが、これ以外にも親子関係に強い緊張が続いていたりすると、この形になってしまいます」

「緊張？　それは、やはり親の側に問題がある場合、ということですか？」

「いえいえ、そうとは限りません。愛着形成は、親子が互いに関わりあって成立するものなのですから、子ども側の要因によることもあります。この一例を言ってしまうと、子どもの発達に凸凹《でこぼこ》がある場合です」

「発達に凸凹がある、というのはどういうことですか？」

「ああ、その話はまだなのですね。杉本先生が提唱されているのですが、発達障害の一つの言い換えなんです。どうしてそういう言い方を考えたのかについて、詳しくは次回に話しますが、簡単に言うと、成長において発達の仕方に段差がある、ということなんです。それで、そうした凸凹が子ども側にあると親に上手く接することができない、ということが起こるのです」

「そういえば、自閉症スペクトラム障害の子どもをぎゅっと抱っこすると、泣いてしまうことがある、と前回お聞きしました」

ミサキは、発達障害があると、親は大変なんだろうなと思った。そんなミサキの懸念を知ってか知らずか、矢野准教授は穏やかに話を続ける。

「それでも愛着が作られないわけじゃないんですよ。アタッチメントの形成時期が後ろにずれる形で長期化するのです。杉本先生によれば、発達の凸凹があっても、小学校中学年くらいに愛着形成がきちんとできあがる子が多いと」[6]

「では、過剰に嘆《なげ》く必要はないのですね」

「ええもちろんです。そして一番重要なこと。実は、愛着形成は親子関係の基本どころか、人間関係の基本なのですよ」

愛着は人間関係の基本

「人間関係の基本ですか？」

「ええ。それに、われわれ大人だって、親との愛着関係と似た形を他人と結ぶことがありますよ」

「くっついて安心して、離れて外に出て行く……うーん」ミサキは腕組みした。「師匠と弟子ですか？　それとも救急隊員と助けられる人？」

「オホホホホ、そんな難しく考えなくても。一番わかりやすいのは恋人関係です」

6　杉山登志郎（２００８）：広汎性発達障害とトラウマ。そだちの科学、11、21‐32。

ミサキは矢野准教授の高い笑い声にちょっと驚いたが、准教授は気がつかない様子で話を続けた。

「えっと、先ほど、社会的な行動の土台になると言いましたよね。子どもの中に養育者が内在化する、それはつまり、養育者のまなざしがいつも子どもを守るということなんです。例えば、何か悪いことをしようとした時、これをしたらお父さんお母さんが悲しい顔をするな、と思い浮かんできて止める。こんなことがこれまでありませんでしたか？」

「そういえば、中学生の頃の万引きとか。友達にそそのかされたんですが、しなかったな」

「うん。私にも似たような経験があります。そしてね、さらに重要なことがあります」

柔和な雰囲気が一変して、矢野准教授は真剣な顔つきになった。

「世の中って、トラウマになりそうなことが沢山溢れているでしょう？　対人関係のトラブルや、交通事故、犯罪被害、戦争、大災害など。自分じゃどうしようもないこともいきなり降ってくる。そうした困難が起こるのが人生でもあるのですが、こうした大変な思いをした時、この内在化したまなざしが守ってくれるのです」

「どういうことですか？　具体的に何かしてくれるわけじゃないと思うのですが」

「本当に打ちのめされたそんな時、でもそれでも人生を頑張ろう、と思えるのは、自分の親や配偶者、子どもが心に思い浮かぶからなんです。

しっかりと愛着を結んだ人の存在が、助けてくれるんです。

これは大事にしているペットでもいいんですよ。ものすごく辛いことが起こったけれど、飼っている犬のご飯のために明日も会社に行こう、私が死んだらこの子は生きていけないんだから、なんて思えるでしょう？」

思わずミサキは笑顔になってしまった。

「微笑《ほほえ》ましいですが、真面目な話ですからね」と言いながら矢野先生も微笑んで話を続けた。「だから、基盤となる幼少時の愛着が不十分だと、大変なのです。トラウマに対して脆弱になってしまうんです」

「脆弱、というのは、具体的にはどういうことなのですか？」

「いろいろなレベルがあるのですが、子どもの場合には、愛着障害という名前で呼ばれる、一連の心の問題が起きてくるんです。そして、それがそのまま大人になった場合には、何か満たされることがない人になりやすいんですね。

愛着の代わりに、無駄な物を大量に買い込んだり、飼えないほどのペットを集めたりといったことが起きてしまうんです。[7] 一生にわたる問題になることもある」

7 Ferreira EA, Paloski LH, Costa DB, et al., (2017):Animal Hoarding Disorder: A new psychopathology? Psychiatry Research, 258:221-225.

「なるほど。では、子どもの場合の愛着障害について教えていただけませんか？」

「うーん。この問題はとても複雑なので、先に発達障害についての話をしてからの方がややこしくないと思います。

というわけで、次回は発達障害についてですね」

「あ、もうこんな時間」

研究室の窓の外は、夕日に照らされてオレンジ色になっていた。

「次回も、矢野先生ですよね」と聞くと、ニコッとしながら頷いたので、ミサキはほっとした。

「では、次回のアポイントは、日程を調整してあらためてご連絡させてください」

「はい。先生のお話は、とてもわかりやすくてお話もしやすかったです。ありがとうございました」

ミサキは、今回初めて納得した気持ちになって、研究室のドアを閉めた。

ミサキのまとめメモ

○“愛着”＝“アタッチメント（attachment）”＝“近接”

○愛着の形成

→養育者のイメージが子どもの意識の中に内在化し、心の中に安全基地があることで、世界に出て冒険できる。

→内在化は普通は3歳頃までに完成する。発達の凸凹があっても、小学校中学年くらいに愛着形成がきちんとできあがる子が多い。

○愛着形成が、社会的な行動の土台になる

→人間関係の基本。これが脆弱だとトラウマに弱くなり、人生全体に影響を及ぼすこともある。

第３章　発達障害を考える

発達障害は増えたのか

2週間後、再び矢野准教授の研究室を訪れたミサキは、挨拶もそこそこに本題を切り出した。

「そもそも発達障害が、どうしてこんなにも注目されるようになったのでしょうか？　私が小学校・中学校の時は、支援クラスのある学校というのも珍しかったですし、発達障害というものがそんなに話題にされた記憶がないんです。でも今や、発達障害というと、有名なタレントさんがカミングアウトされたり、本屋さんでは発達障害の本が山積みになっていたりして、一体どうしたんだろうと」

勢い込んで質問をしたミサキを落ち着かせるように、矢野准教授は、前回と同じように、穏やかな笑顔で話し出した。

「そうですね。実はこの10年くらいの間に、発達障害という名称が指す状態が、広い範囲を含めるものだということがわかってきたからなんです。ものすごく特殊なものではないことがわかってきた、とも言えるでしょうか。

今や、子どもの1割が発達障害だと言われているんです」

「1割、ということは40人クラスだと、4人はそうした子がいるということですよね？」

知的障害	1％弱
自閉症スペクトラム障害	2％強　(凸凹まで含めると10％？)
注意欠陥／多動性障害	3〜5％ (悉皆《しっかい》調査では10％以上)
学習障害	5％　(悉皆調査では10％)

表1　発達障害の頻度

「ええ。数字には根拠もありますよ。2012年に文部科学省が、全国の何ヵ所かで調査をしたところ、通常クラスの中に発達障害と考えられる子どもが6・5％いたという結果が出ました」

「え、1割より少ない？　あ、そうか。特別支援クラスが入ってないんですね」

「そうです。かつて特殊学級と呼ばれていた特別支援クラスや、養護学校と呼ばれていた特別支援学校が入っていません。こうした特別支援教育を2012年の調査当時受けていた子どもは全児童の2・9％になります。となると、通常クラスと足して、約1割でしょう？　でも実は、もっと多いという意見もあります。

この表(表1)を見てください。最近の論文を精査した中で、このくらいは少なくてもいるだろうという人数が左の数字で、少ない方を足しただけで1割強になります。そして、論文の中で一番多い報告がカッコの中の数字です」

矢野准教授が示した表の中にある、最も大きい数字だと3割になってしまう！

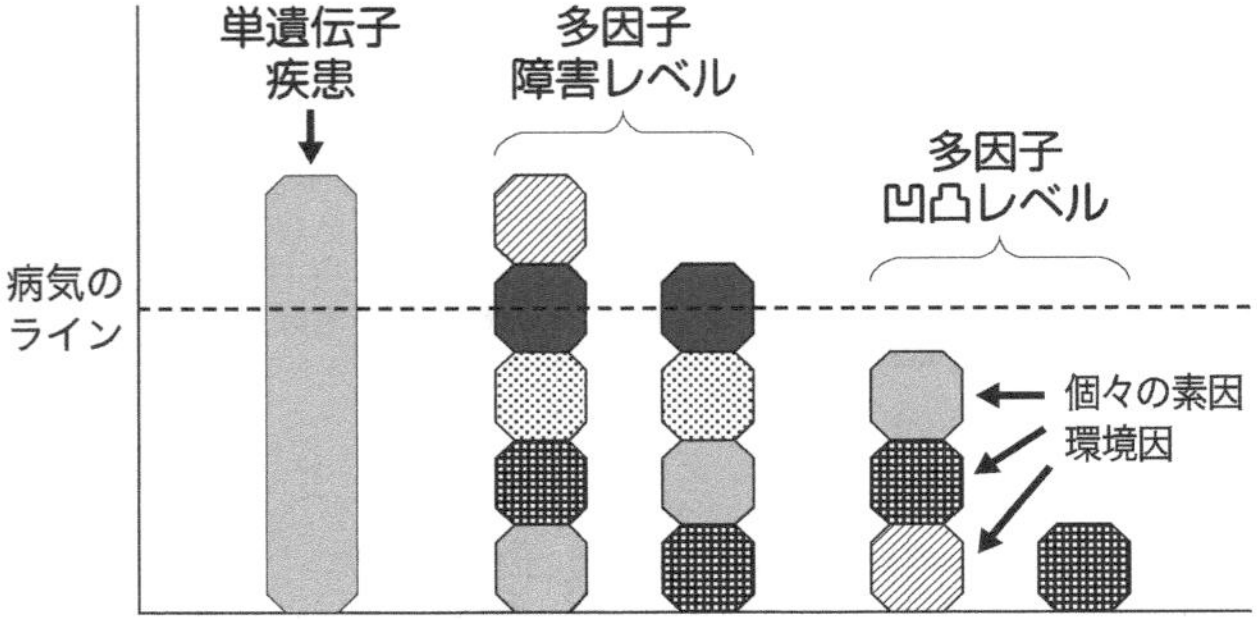

図8　多因子モデル

「私が思っていた数字より多いです。これは、昔より発達障害の子どもが増えた、ということを示しているのでしょうか」

「発達障害の捉え方が変わって、昔よりも該当者の範囲が増えたということは確かにあります。けれど、杉本先生などは、発達障害は増えた、と言い切られています」

「どうして増えたんですか？」

「うーん、その質問に答える前に、まずは発達障害の定義について話しましょう」

そう言いながら、矢野准教授は新たに図（図8）を取り出した。

遺伝的素因と環境的因子

「発達障害はその種類が多いのです。これだけの数が多い問題は、多因子モデルになります。

多因子モデルとは、単一の遺伝する素因によって病気が起こるのではなく、複数の遺伝子が関係しているという考え方です。この図では、4つ以上の因子が重なった時に、病気のラインを超えると書かれています。ですが、実際のところは、20〜30もの因子が重なって、発現すると考えられるのです」

「ごめんなさい。えーっと確認したいのですが、発達障害とは〝病気〟なのでしょうか？」

「これはハッキリしています。病気ではありません。まあ病気の定義が何かということになるのですが、普通からの逸脱《いつだつ》(deviation from normal)、つまりマイノリティーであることをもって病気とは呼ばない方向に世界は向いていると思います」

「なるほど。話を遮ってすみません。それで、先生が見せてくださっているこの図の一番右は、環境因と書かれていますが、育った環境も関係してくるのでしょうか？」

「まさにそうなんです。この多因子モデルは、かかる人が多い慢性疾患にもほぼ当てはまると言われています。糖尿病とか、高血圧、メタボリックシンドロームですね……杉本教授のような」

矢野先生がウィンクをした。

「つまり、糖尿病と発達障害の発現は、似通った道程にある、ということですか」

「あなたは鋭いですね！　ご両親が二人とも糖尿病だったら、その子どもも糖尿病になりやすいでしょう？　でも全員が必ずなるわけではありません。また、そうした素因、つまり糖尿病になりやすい遺伝子ですね、があまりない人でも、暴飲暴食を毎日繰り返せば糖尿病になる可能性は高くなります。発達障害もそれと同じなんです」

「では、発達障害は、生まれつきということとは別に、環境によっても起きてくるのですか？」ミサキは目を丸くして尋ねた。それは、育ちによって起こるということではないか。

「ミサキさんは、エピジェネティクスについては知っていますか？」

「はい。杉本教授に伺いました。妊娠中の過度なやせ状態によってお腹の中の子どもの遺伝子が飢餓状態に耐えうるようになり、逆に生活習慣病の発症リスクを高めてしまうと。環境の刺激によって、遺伝子情報の発現のためのスイッチが入ったり、切れたりするメカニズムということですよね」

「おお！　記憶力がいいですね。発達障害にもこのエピジェネティクスが関係しているんだろうと言われているんです。しかも、それ以上に確実な環境因子があることが判明しているんです。

２０１１年にスウェーデンの研究者から出された報告[8]によると、高齢の夫婦から生まれた子どもに、自閉症スペクトラム障害が多いことがわかっています。でも出産時の女性の年齢ではありません。父親の年齢と相関することが示されているのです」

「あ、そういえば、杉本教授が〝君の夫が若けりゃ、リスクを減らせるだろう〟なんて言っていました」

「もう、あの人は……デリカシーがないんだよね」。苦笑しながら矢野准教授は話を続けた。

「杉本教授の話と重複すると思いますが、ある研究者によると、自閉症スペクトラム障害における、遺伝的な素因と環境的因子の寄与率、つまりそれぞれがどの程度関係を及ぼしているかを調べたところ、環境的因子が遺伝的なものの2倍ぐらいになるということなのです[9]」

「なるほど。先進国は晩婚化が進んでいる。だから、環境因によって増えていると考えられるんですね。でも結婚するのが遅いからだ、と責められている感じがどうしてもしてしまいます。若いうちに結婚したくても出産したくても、できるとは限らないですし……」

ミサキは割り切れないような感情を覚えたが、同時に矢野先生の穏やかな瞳がミサキを包むのを感じた。

8 Hultman CM, Sandin S, Levine SZ, Lichtenstein P, Reichenberg A. (2011):Advancing paternal age and risk of autism: new evidence from a population-based study and a meta-analysis of epidemiological studies. Molecular Psychiatry, 16(12):1203-1212.

9 Hallmayer J, Cleveland S, Torres A, et al., (2011):Genetic heritability and shared environmental factors among twin pairs with autism. Archives of General Psychiatry, 68(11):1095-1102.

発達の領域	発達障害の医学的診断名	知的障害の有無
認知の発達	知的障害	＋
社会性の発達	自閉症スペクトラム障害 (これまで広汎性発達障害)：ASD	＋ －
注意力・行動コントロールの発達	注意欠陥／多動性障害 ：ADHD	基本的には －
学習能力の発達	限局性学習障害	基本的には －
手先の細かな動きの発達	発達性協調運動障害	－
言語能力の発達	発達性言語障害	－
愛着形成と情動コントロールの発達	反応性愛着障害・ 脱抑制型対人交流症	±

表2　発達障害の一覧

「もちろん、それだけが原因ではないんですよ。あくまでも、考えられる素因の一つです。今日の最初に話をしたように、考え方自体が大きく変わったということがいえるでしょう。ですが、考え方がどう変わったか、という話の前に、発達障害についての全体像をお話ししましょう」

発達障害の種類

「この表（表2）を見てください」

矢野准教授が見せてくれた表は、発達障害を症例別に分けたものらしい。

「これが発達障害と言われるものの一覧です。一番左が、どの領域の発達についてなのかということ。真ん中が医学的診断名で右が知的障害の有無です」

「こうしてみると、わかりやすいですね。それでも沢山あって驚いています」とミサキは興味深く、表を覗き込んだ。

「難しいと思われるかもしれませんが、いくつかのグループに分けて考えれば捉えやすいですよ。

まず注目していただきたいのは、自閉症スペクトラム障害（Autism Spectrum Disorder）、略してASDというものです」

「これって、確か以前は広汎性発達障害と呼ばれていたものですよね？」

「ミサキさん、詳しいですね。2013年に設定されたアメリカ精神医学会作成の診断基準、DSM－5（Diagnostic and Statistical Manual of Mental Disorders, 5th edition）で、この診断名が付けられました。それまでは、自閉症、アスペルガー障害など、いくつかあったのですが、全部この自閉症スペクトラム障害に一括されました。

ASDは、コミュニケーションの裏の意味を取りにくい等、社会的な振る舞いをすることが苦手になるため重要視されています。あとで詳しく解説しましょう。

次が、落ち着いて座ってられないというような、行動コントロールの障害である注意欠陥／多動性障害（Attention Deficit Hyperactivity Disorder）です。略称のADHDという言葉は聞いたことがあるのではないでしょうか。

そして、3番目が、認知の遅れが見られる知的障害です。この上の3つが最も重要なグループで、これらがわかっていれば事足ります」

「なるほど。ちなみに、こうした障害が同時に起きることはないんですか？」

「良いところに気がつきましたね！　実は、この一覧表を作った理由は、ここにあるんです。つまり、こうして見ると、それぞれ別の領域の発達に関する問題、例えば、社会的な振る舞いが苦手だということと、行動コントロールがうまくできない、という問題は一人に同時に起きてもおかしくありません。

すべての発達障害は、それぞれ重なりあって起きる可能性があるのです」

「なるほど」

「でも、最近までASDとADHDは一緒に診断しない、という約束になっていたんです。DSM－5の診断基準が出て初めて、この二つを一緒に並べて診断することができるようになりました。そうしたところ、以後の症例報告では、ASDとADHDが一緒に起きる割合が5割を超えていたのです。それからもう一つの知的障害もそうです。重度の知的障害の場合、ASDが一緒に起きる可能性は8割を超えます。なぜこんな高い確率になるのかわかりますか？」

「え、なぜでしょう。重度の知的障害ということは……脳の働きに大きなハンディキャップがあるということですよね。そうすると、社会的行動を司る脳の部位にも影響があるということなんでしょうか」

「その通り。さすがだね！」

ミサキは褒められてますますいい気分になった。偏屈な杉本教授とは大違いだ。

「ASDに、ADHD、そして知的障害。3つなら覚えられますね。けれど、先生、この表には他にも沢山ありますけれど」

「実は、この3つ以外のものは、単独で起きるということは少ないんです。主な3つの発達障害と一緒に起きるという、サブに位置する3つです。

まず、発達性協調運動障害。これは、症例として極端な不器用さが指摘されるものです。次に、知的能力は低くないのに学力が著《いちじる》しく劣る限局性学習障害。最後に、言葉の習得が遅れる発達性言語障害です」

「最初の3つよりも重要視しなくても良い理由は、どうしてですか？」

「そうですね、ほぼすべての発達障害に共通して起きてくる問題であり、そしてそれゆえに、成長するに従って主な発達障害が良くなっていく中で、こちらも一緒に改善していくことが多いのですよ」

「そもそもなんですけれど、発達障害は治るもの、という認識でよいのでしょうか？」

「これも〝治る〟という言葉の定義によるのですが、発達障害はきちんと対応していけば、年々良くなっていくのですよ。ですからもちろん治っていくわけです。

これに関連して、次の質問です。ただし改善するためには条件があります。何かわかりますか？」

「適切な教育、でしょうか？」

「素晴らしい！　そうなんです。子どもに合った教育をするというのは、どの発達障害であっても一番大事なことですが、とりわけサブに位置する3つの発達障害、不器用さ、学力、言葉の習得に対しては、医療によるアプローチには限りがあります。役割分担としては、教育の方にお願いしたいんですね。

どれも、子どもに合わせた適切な教育が治療に効果的なんですよ」と言いつつ、矢野准教授は少し困った顔をして話を続けた。「でもね、ミサキさん。個々に合わせた教育という部分では、日本の保育園事情や普通教育では、残念ながら弱いと言わざるをえません」

「ああ、杉本教授は日本の保育園の現状にかなり不服そうでした」ミサキは、前々回の杉本教授の様子を思い浮かべた。不服、どころかぷんぷん怒っていたな……。

それを聞いた矢野准教授は笑って「それはそれは。杉本教授は見かねてこんな具合に学習しなさい、と親御さんにバンバン指示を出されてますね。それで保育園どころか、学校の先生にも煙たがられているんですよ」と言った。

「ところで先生、この表にはもう一つ、愛着障害が残っています」

「そう、それがポイントですね。これは前回話題になった問題です。では、その話に移りましょう」

第4の発達障害

「子どもの場合、愛着障害が起きやすいのは、いわゆる子ども虐待の場合と述べましたね。子ども虐待が放置されたまま成長すると、子どもの脳の形や働きが大きな変化を起こしていきます。

杉本教授は、その変化レベルが、一般的な発達障害よりもはるかに重いことに気がついて、子ども虐待による愛着障害を〝第4の発達障害〟と命名したのです」

「第4の発達障害、ですか」

「ええ。第1が古典的な発達障害である知的障害、第2は自閉症スペクトラム障害、第3はいわゆる軽度発達障害でADHDと学習障害とされています。この第4の発達障害という考え方は、とても多くの反発や反論がありました。

私自身は異論があるものの、杉本先生への敬意を表して愛着障害を発達障害の中に入れています」

「杉本教授は、言いたいことをそのままおっしゃるから、敵が多そうですね。矢野先生を嫌う人はいなそうですが」

とミサキが言うと、矢野准教授は〝オホホホホ〟と笑って「私は社会性豊かですから。杉本先生に比べて」と答えた。

ミサキは確かに……と思いながら、質問を重ねた。

「ところで、この表（表2）では知的障害だけ網掛けになっているのはなぜですか？」

「またいい質問ですね。2005年に日本では発達障害者支援法という法律が施行されたんですが、この網掛けのところが、それ以前に発達障害とされていた範囲なんです」

「え、こんな狭い領域しか、発達障害と認められてなかったんですか？」

「そうなんです。私達の前の世代の児童精神科医達は、狭い範囲しか法律で認められていないために、とても苦労しました。ハンディキャップがあっても、特別支援教育や福祉の対象にならなかったのです。そのことに疑問を持った杉本教授やご友人の辻井正次教授などが中心となり、政治家への働きかけなどをして、より広い範囲を対象とした発達障害者支援法ができたのです」

「そうですか、杉本先生が……」

ぶっきらぼうで変人だと思っていた杉本教授をミサキは見直した。

「ところで、今日の初めにミサキさんがおっしゃった、昔と今の違いについてですが、このずれにこそ、その答えがあります」

「どういうことでしょうか？」

発達凸凹

「2005年の法律で、新しく発達障害となったものは、知的な遅れを持たない、いわゆる軽度発達障害が中心です。ですが、ご家族も、教育関係者も、場合によっては医師ですらも、昔の知的障害を伴った狭い範囲の考え方しか知らなかった。発達障害というと、すごく重くて、症状変化もなく、人生にわたるハンディキャップというイメージで捉えがちなんです。

ところが、言葉は同じ発達障害であっても、今の考え方でいえば、普通の子どもと比べてそれほど違いが明確な訳ではなく、また対応によって良くも悪くも症状が揺れ動くものが多い。

発達障害と診断されても悲観するべきではないのです。成人するまでにハンディキャップを克服する子どもが多いどころか、変なことをしなければ皆良くなっていくものなのです」

「あ、それで前回話に出てきた、発達〝凸凹〟という呼び方が出てきたのですね」

「そうなんです。この図（70ページ、図8）では、病気のラインに達しないものを発達凸凹と呼んでいます。私は、発達障害という言葉自体、臨床の場では用いない方がいいのではないか、と考えるようになってきました。

〝障害〟は英語では〝ディスオーダー〟という単語です。〝ディス〟とは〝乱れ〟、〝オーダー〟は〝秩序〟という意味です。なので、発達のディスオーダーとは、発達の道筋の乱れという意味になります。ディスオーダーというのは、病気と健康な状態の中間のようなニュアンスの言葉なんですよ。そうなると、凸凹と訳した方が、的を得ている」[10]

「なのに、それを〝障害〟と訳してしまったんですね」とミサキ。

「私たちのところにいらっしゃるお母さん達は、うちの子は発達障害なのか、と深刻な表情で聞いてくることが多いんです。うちの子は、いわゆる〝障害児〟なんですか、と。私は、よく、発達の凸凹はありますが、障害というほどのものではないと説明をします。そうすると皆さん納得して落ち着いてくださるんです」

「先生にやさしく説明されたら、親御さんは皆安心しますね」

「ありがとう。でも〝デコボコ〟という言い方には抵抗のある人もいるので、もっといい呼び名はないか、と思っているんですよ」

知的障害について

「では、発達障害の全体像を説明し終わったので、主な3つについてそれぞれ詳しく解説していきましょう。

最初に取り上げたいのは、知的障害です。

これまで〝精神遅滞《ちたい》〟というのが公的な名称でしたが、2013年のDSM－5において知的障害へと正式に変更されました。これは、精神遅滞という言葉がやや侮蔑《ぶべつ》を含んでいると批判されたことによるものですが、定義そのものは変わりません。知的障害とは、知的なハンディキャップと社会的な生活に問題が起きている、という二つの状態を示します」

「なるほど」

「ですが、名称が変わったこと以上に大切なことがあります。

これまで精神遅滞は、独立したものとしてパーソナリティ障害などと一緒だとされていました。人格の偏りの一つの表れとされていたんです。それが、発達障害、つまり治療できるものであるときちんと認められた。これはとても大事なことなのです。えーっと、ミ

10　杉山登志郎（2012）：発達障害から発達凸凹へ。児童青年精神医学とその近接領域、53（3）、220－229。

サキさん？　あ、さっぱりわからないという感じですね」

ミサキはどうやらぽかんとした顔をしていたようだ。それを見て、微笑みながら矢野准教授は解説を続ける。

「これは、福祉制度の欠点の話なのです。

私たち精神科医は、それぞれの患者さんごとに福祉を受けるための書類をたくさん書かねばなりません。これまで、知的障害と精神障害とは分けられていたんですね。そうすると適切な福祉のためにはとても煩雑《はんざつ》な手続きが必要となり、受けられない人も出てくるのです。

ところが、知的障害が、大きな精神疾患の中の1グループである神経発達障害の一部となれば知的障害という区分を独立させる必要がなくなり、手続きを全部一元化でき、よりきちんと福祉の恩恵《おんけい》に与《あずか》れるようになったのですよ。もっとも、日本では動きが遅すぎるんだけど……」

「現場に即した制度ができた、ということですね」

「そうです。そしてもう一つ、特筆すべき変化があります。

ＤＳＭ－５では知能検査による規定と、ＩＱによる判定が記載されなくなりました」

「え、でも、それでは判定が曖昧《あいまい》になって困りませんか？」

知的障害なのだから、知能検査は不可欠ではないのだろうか？

「実は、そうした判定があまり意味がないことがわかったのです。

かつては、ＩＱ70未満の児童は、全児童のうち２％強と言われていました。ところが最近、先進国において、その割合は１％を切ったという報告が相次いでいるんです。我が国でも０・８％と言われています」[11]

「知的障害が減っていると？」

「そうなんです。このポイントは、先進国のみでの現象である、という点です。発展途上国ではこうした現象は起こっていません。これは何が原因だと思いますか？」

「うーん、なんでしょう。食べ物でもないですよね？　えっと、少子化でしょうか？」

「良いところに着目されましたね、でも惜しいです。この答えは早期教育の影響だと考えられています。

周りのご友人は、お子さんを幼稚園が始まる前からいろいろなところに連れていっていませんでしたか？　そうすると、知能指数が全体的にあがるのです。知能指数というものは、そんなに固定的なものではありません。教育のいかんですぐに上下するくらい流動的

11　鷲見聡（２０１１）：名古屋市における自閉症スペクトラム、精神遅滞、脳性麻痺の頻度について。小児の精神と神経、51（４）、３５１‐３５８。

なものなのです」

「あ、だから規定がなくなったんですね」

「そう。そんな流動的なものでは、判定できないでしょう？

そしてね、知的障害はまだまだ不明な点が多い。知的障害はさまざまな原因によって起きます。染色体の異常でも、頭部外傷や重症のてんかんでも。原因が明確な場合は、症状が重い傾向にあるのですが、それほど多いわけではありません。知的障害の大多数は原因がよくわからないのですよ」

「そうか、これが多因子モデルなんですね」

「その通り！　知的障害とは、最も古くから知られている多因子モデルなんです。仮に５つの遺伝子を想定して、計算式を立ててみると、家族に知的ハンディが表れる実測値に最も適合するということが、すでに１９８０年頃までには判明していました。

大多数は軽症の人で、対応いかんで知能や社会的なハンデのありようが変化するといった特徴は、発達障害を考える上で、とても良いモデルと言えるでしょう。ところが」と矢野准教授が顔を曇らせた。

「どうしたんですか？」

「結局は、同じ課題なんですが、学校教育、特に特別支援教育を実施するにあたって、現場では未だにＩＱ神話が幅をきかせているんです。知能検査が有効ではない、と判断されたのにその変化に応じてくれなくて……。文部科学省は個々の子どものニーズに応じた教育を、と表向きは言っているんですがね」

「知識がアップデートできていないんですね。これも古い障害の考え方に縛られているからかぁ」

ミサキは、発達障害の多くは改善していくもの、という新しい捉え方を読者にしっかり伝えられる本にしよう、と決意した。

ＡＤＨＤとは

「さて次に、注意欠陥／多動性障害、略語でＡＤＨＤと呼ばれることが多いのですが、簡単に言えば、不注意で、衝動的な状態のことですね。子どもは多動児と呼ばれたりします」

「子どもって皆よく動きまわるし、周りが見えずにぶつかったりして不注意なもんじゃないですか？」

「もちろんそうですよ。でも落ち着くべき時、つまり学校での学習時間や、家でのんびりしているというときにも多動児はじっとしていられないんです」

「なるほど。先生や親御さんはへとへとになりそうですね」

「その通り。そして、一番問題として大きいのは、多動よりも衝動性です。この子達は何というか……フィードバックがかからないんですよ」

「フィードバックって、〝出した力を一旦戻す〟というような意味ですよね。具体的にはどういうことですか？」

「例えば、我々の身の回りには機械を作動させるスイッチがあるでしょう？　それを彼らは、これは何だろう？　と思った瞬間に押してしまうんです。

つい昨日も、病棟中にサイレンが鳴り響きました。二人とも多動児という兄弟が杉本先生のところに受診しにきたんですが、先生が走り回る兄に気を取られていたら、あっという間に弟が机の下に設置してある緊急時の非常ボタンを押してしまったらしくて。慌てた先生はすってんころりんと転んでしまったとかで、みんなが噂《うわさ》していました」

まん丸な杉本教授がコロコロ転がるシーンを思い浮かべて、ミサキは思わずニヤリと笑ってしまった。

「ミサキさん、悪い笑顔になってますよ」と言いながら、同じ悪い笑顔を浮かべて矢野先生は話を続けた。

「こういうトラブルは子ども相手ならしょっちゅうです。けれど、診察室のボタンくらいならまだいいのですが、新幹線の停止ボタンとなるとただでは済まないでしょう？

しかも、衝動性が発露《はつろ》した行動は、スイッチを押すだけとは限らない。これまで診てきた子の中には、小学校の3階からいきなり飛び降りた子もいました」

「え！　大怪我を負うじゃないですか！」

「それが不思議なことに、あまり怪我しないんですよ。そうですね、彼らのイメージに近いキャラクターをあげると、夏目漱石の『坊っちゃん』でしょうか」

「そういえば、学校の2階から飛び降りるエピソードがありましたね。でも平気だったという」

「そう、あれが衝動性のある子の典型例ですね。すぐにキレて暴力を振るうし、ADHDの後遺症が全部表れている人物と言えるでしょう。しかし、今の東京理科大学の前身校だった難関専門学校に受かっているんですよ。ちょっと専門的になりますが、注意欠陥／多動性障害だけなら成績が良すぎるんですよ。なので彼は、ADHDと共に自閉症スペクトラム障害、ASDを持っていたと考えられると思います」

「夏目漱石本人の若い頃を坊っちゃんは模《も》したと言われていますね。漱石は、東京帝国大学を卒業していますし」

「お、さすが編集者、ですね。それに、坊っちゃんに限らずとも、ADHDとASD両方の傾向がある人は身近にもけっこう多いんですよ」

自閉症スペクトラム障害とは何か

「さて、自閉症スペクトラム障害、略称ＡＳＤに入りましょう。ＡＳＤはとても重要なグループで発達障害のチャンピオンのような存在です。コミュニケーションに困難さがあり、社会的な振る舞いが適切にできない、というようなことが起こります。

まず、ミサキさんから質問はありますか？」

「そうですね。では、なぜそもそもこの複雑そうなカタカナ名がつけられたのでしょうか？　難しいですよ」

「ふふふ。いい質問ですね。実は、そこが大事なのですよ」と図（図９）を渡された。

「以前、広汎性発達障害と名前をつけられていた当時の考え方は、病気と病気でないものの境界がはっきりとしていました。ところが、今の考え方はこの図のようなものです」

「グラデーションのような図ですね」

「そうです。スペクトラムという言葉は、連続体という意味で、物理学用語のスペクトルと同じです。スペクトルというものは、光をプリズムなどの分光器を通した際にできる、光の波長別に並ぶ色の帯のことです。その代表は虹ですね。虹は赤から黄色〜緑〜青〜紫

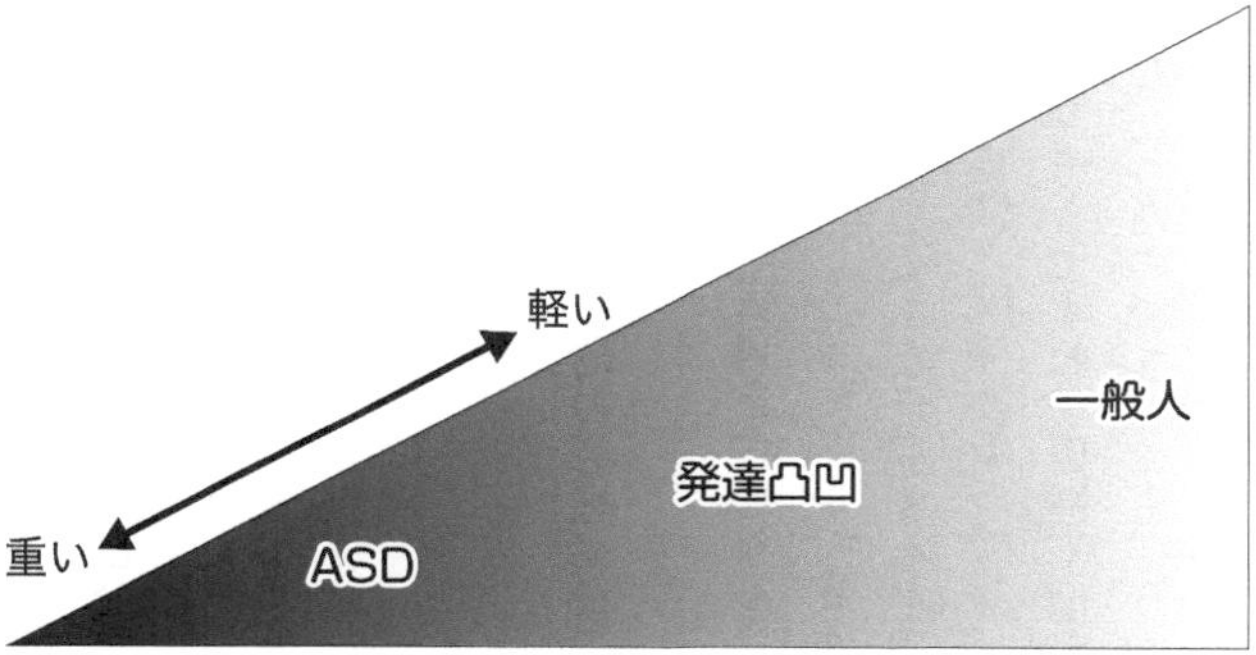

図9　自閉症スペクトラム障害

と色が切れ目なく繫がっていくでしょう。つまり、症状の度合いが重たい子から軽い子まで連続している、という意味なのです」

「なるほど。だから名称が言い換えられたのですね。でも、なぜアスペルガー障害などのかつてあったさまざまなグループがなくなったのでしょう?」

「それも同じことです。子どもを追いかけてみていくと、臨床の症状が変わっていくために、独立したものと考えられないことがはっきりしてきたんですね。

そして、軽い方は普通の人にも切れ目なく繫がっていくのです。凸凹のある軽い人は我々の間にもたくさんいるんですよ。[12] 例えば……杉本先生なんかもね」と少し躊躇しながら矢野先生はつぶやいた。

「あ、そうですね。杉本先生は、ちょっと感情的に

12　本田秀夫（2013）：自閉症スペクトラム。SBクリエイティブ、東京。

なられるというか」

「オホホ、ご自分でも、自分の性格のうちＡＳＤは40％くらいの度合いになると自己評価されているんですよ。ま、つまりこれがスペクトラムの意味なのです」

「そうすると、うちの夫も50％くらいになりそうです。本当に細かくて」とミサキはついため息混じりに言った。つまらないことも忘れないんだよなぁと、ミサキは夫のマサシを思い浮かべた。

「ほお。ミサキさんのご主人はどんなお仕事をされているんですか」

「小さな電気機器の会社で技術開発の部門にいます。システムのバグ修正などを担当しているみたいですね。私にはチンプンカンプンなんですけれど」

「なるほど。人付き合いはあまり得意じゃないんですか？」

「そうです。うまく話ができるおしゃべりなタイプではないので」

「けれど、そんな旦那さんを選ばれたというのは、先日おっしゃっていたミサキさんのご家庭の事情と関係あるのでしょうか？」

「あ、そうですね。男性不信だったので、成人した後もマッチョな男性はうんざりという感じだったのです。でも、うちの人は全く野心がないし、女性にも迫ってこないし、逆に安心感があったんです……。って私話しすぎですね⁉」

「いえいえ、私も聞いてしまって。でもね、このミサキさんのご家庭のお話はとても大事なことを示唆《しさ》しているんですよ」

「というと？」

「先ほど、発達障害が増えているかもしれない、というお話をしたでしょう。

もし発達障害がハンディキャップを負うだけであったのならどうなるのか考えてみていただきたいんです。特にASDという社会的に振る舞うことが苦手な人がマイナス面しかないために結婚できず、子孫を残せないのであれば、その素因は再生産されず減っていくはず。けれど、そこにプラスの面があるからこそ、ミサキさんのような素敵な方と結婚することができる。旦那さんも幸せものですね」

ミサキは赤くなって黙ってしまった。そんなミサキの顔を見ながら矢野准教授がやさしく話を続けた。

「話を戻しましょうか。発達障害という言葉が一般に広まった背景には、ある本の貢献があるのですよ」

『自閉症だったわたしへ』

「ミサキさんは、ドナ・ウィリアムズの『自閉症だったわたしへ』は読んだことがありますか？」

「いえ、恥ずかしながら、読んだことがありません」

「1963年生まれのドナは、知覚と感覚の激しい過敏性に悩まされながら、成人まで発達障害という診断を受けず、誤診ばかりされてきました。そのため、普通の人のふりをしてひっそりと生活をしていたのです。DSM－5の分類では消えてしまいましたが、彼女は、アスペルガー症候群でした。

そして、彼女は30歳の時に筆をとり、自閉症者の心情をそのまま描写しました。幼い頃から、周囲の誰ともうまくつきあうことができず、〝変わった人〟としていじめられ傷つき苦しみ続けてきたこと、そこから心を通わせる人と出会えて変わったことなどを。そして、この本はベストセラーになり、自閉症への理解の道を開きました」

「なるほど。自閉症がどういうものなのかを一般に知らしめたのですね」

「ええそうなのです。そして同時に、この本は、彼女のように世界中で息を潜《ひそ》めて生きてきた知的遅れのない自閉症の当事者に、正しい診断を受けるきっかけを与えたのです」

「というと？」

「元々、精神医学における発達障害の診断はとても慎重なものだったのです。普通の生活が送れている人に診断を下すことはなかった。

ところが、彼女の自伝の登場で、普通の人の中にも、自閉症圏の人が紛れていることを医療側も認めざるを得なくなったのです。その結果症例が増え、自閉症研究と治療法も進展しました。

そしてね、この手記は、さらに大事なことを私達に教えてくれたのです」

「それは何でしょうか？」

「感覚の過敏性の問題を明らかにしたことなんです。これまでもこの問題が自閉症に起ることは報告されていましたが、当事者の回想や手記が出揃うまでは、それほど重要だとは考えられていませんでした。

自閉症の子どもが人を避けてしまうのはなぜなのか、それは、普通の子どもよりも過敏なために、人が怖いという思いが増幅するから。

この理由がはっきりするまでに、とても時間がかかったのです。そして、感覚の過敏性は、DSM－5でASDの新しい診断基準に加わりました」

「ここで、子育ての話に繋がるのですね。過敏性があったら、お母さんにもくっつけないし、大変になりますものね」

「そうなのです。ASDのお子さんに向き合うには、当事者がどんな世界を体験しているのかを知っておくことがとても大切なことなんですよ」

「ああ、ドナの果たした功績は大きいですね！」ミサキは、目を輝かせた。東京に戻ったら書店で『自閉症だったわたしへ』を探して読んでみよう。

嬉しそうなミサキを見ながら、「ただし」と矢野准教授は言い澱《よど》みながら付け加えた。

「ドナの手記は、別の要素が入っているので、少し慎重に読まなくてはならないという意見もあるのです」

「と、いうと？」

「彼女は、子ども時代に虐待を受けて育っているのですよ。だから杉本先生などは、どこまでがＡＳＤから来ていて、どこまでが虐待による愛着障害なのだろうか、としばしば口にされていました」

「なるほど。確かに杉本先生は、その二つの表れ方は似ているとおっしゃっていました」

「と、いうことで」手をパチンと叩いて、矢野准教授は考え込んだ表情から笑顔になって「今回はここまでにして、続きは杉本先生にしてもらいましょう。発達障害と子ども虐待というテーマになるので」と告げた。

「えっと、難しいお話になりそうですし、私は、矢野先生のお話の方が理解しやすいのですが……」とミサキはおずおず言ってみたが、「まあそうおっしゃらずに」と押し切られてしまった。

「旦那さんによろしく」という矢野准教授の言葉に背中を押されて、ミサキは大学を後にした。

ミサキのまとめメモ

○今、子どもの１割（最大で見積もると３割）が発達障害といわれている

○発達障害の問題は、多因子モデル

→多因子モデルとは、単一の遺伝する素因によって病気が起こるのではなく、複数の遺伝子が関係しているという考え方。

○発達障害の大まかなグループ

①**知的障害**：知的なハンディキャップと社会的な生活に問題が起きている。

②**自閉症スペクトラム障害（ASD）**：社会的な振る舞いに困難さを生じる。

③**注意欠陥／多動性障害（ADHD）**：不注意で衝動的な行動をとってしまう。

＊一人が複数の症状を持っていることもある。

○適切な教育で発達障害は治る

→“障害”という言葉がもつ固定したイメージよりも、もっと症状の幅があるのが発達障害。イメージを変える必要がある。

→発達“凸凹”という名称へ。

○第４の発達障害：愛着障害によって起きてくる発達障害

第４章　発達障害と愛着障害

「今日は、発達障害と子ども虐待という複雑な話をするけれど、単純な君にわかるかなぁ」

研究室に入った途端、失礼なことを言ってきた杉本教授にミサキはムッとした。一月ぶりの教授の部屋は、相変わらず雑然としていて、古本屋の匂いがする。

「何だか最近、思ったことをすぐに口に出してしまうんだよ」とミサキの膨《ふく》れっ面を見ながら教授が独り言のようにつぶやいた。

「そういえば、矢野君が君のことを褒《ほ》めてたぞ。知識も豊富だと言っていたが、すごく意外だ」

持ち上げておいて、結局、失礼なことを言ってくる杉本教授に、ミサキはすぐに矢野先生と替えてほしいと思った。

「そうムッとしないでくれ。それにしても最近の若い精神科医は良くない。やれDSMだのEBM（Evidence-Based Medicine：事実の裏付けのある医療）だの、機械的な知識ばかりを振りかざす。精神科医は勉強ができるだけで誰もがなっていい職業じゃない。だが、そんなことを言ったら、全国の精神科教室の医学部教授が青ざめてしまうがな！」

「先生、何だか怒ってらっしゃいますか？」ミサキは、あまりにも不機嫌な教授に思わず問いかけた。

「実は、僕が企画したセミナーが来月早々に北海道であるんだ。それがさっき、慌てて1

日違いの飛行機を予約してしまった。キャンセル料を払って取り直したよ。君の取材があるから焦ってミスした」

「私のせいなんですか！」

「冗談だよ、半分ね。何歳になっても多動はよくならないという実例だ。多動児は、多動中年になって、その後多動じじいになるだけだ」と吐き捨てるように言い、「自閉の度合いもどんどん進んで、非社会的になるし」と付け加えた。

「先生、よーくわかりました。なので、機嫌を直してください。今日の本題の発達障害と子ども虐待についてに入っていきましょう」

「ふむ、そうだな」

ミサキはすぐ話が脱線してしまう教授のコントロール方法が、なんとなくわかってきた気がした。

発達障害と子ども虐待

「君は虐待にあった子どもの取材はしたことがあるかね？」

「いえ、ありません」

「子育ての本を作るなら、一度、児童養護施設を訪ねてみたまえ。この数年間、僕は矢野君と一緒にある児童自立支援施設の子を診察してきたんだが」

「自立支援施設？」

「昔の名前で言うと、非行の子のための施設だった教護院のことさ。現在ここには、虐待を受けた子達が大集合している。ほぼ全員が被虐待児と言ってもいい。児童相談所の統計では少ないが、ネグレクトを加えたら、ほぼ１００％になる」

「ほぼ１００％……」

「一人一人にきちんとした診断をしてみると、自閉症スペクトラム障害が7割に達した。注意欠陥／多動性障害は5割で、どちらか一方でも持っている子は、なんと8割に上った[13]」

「大多数が、発達障害じゃないですか⁉」

「ふむ。そこがポイントだ。そうとも言えるし、そうでないとも言える。どういうことかわかるかね？」と杉本教授は腕組みをして尋ねた。

「えっと、以前お聞きした、第４の発達障害かどうかということですか？」

「お、今日は勘がいいな。第４の発達障害である愛着障害、医学的な診断名では反応性愛着障害だが、被虐待児にはこれが起きてくる。重度なグループは自閉症スペクトラム障害、もう少し軽いグループは注意欠陥／多動性障害そっくりの症状を呈するんだ。

そして、非行児の施設に来るくらいの子は、多動で衝動的な上に、人への共感とかいった社会的な行動も苦手ということで、この両方の発達障害の診断基準を満たしてしまう」

「発達障害なのか、愛着障害なのか、それとも両方なのか、ということですか？」

「そうだ。このグループが問題を頻発《ひんぱつ》するので対応が一番難しい発達障害なんだが、愛着障害があるから発達障害の症状を示すのか、発達障害があってそこに愛着障害が掛け算されたのかがはっきりしない」

それでは、区別のつけようがなく、治療も困難ではないか。そう考え込むミサキを気にせず、教授は話を続ける。

「児童自立支援施設の子ども一人一人を検討してみると、彼らの親もその大半が、元は同じ症状を抱えていた被虐待児だったことがわかった。今や、発達障害は子どもの1割を超えるが、子ども虐待の件数も、びっくりするほど伸び続けている。そして、この二つとも世代を超えて連鎖していくんだ」

「では、発達障害が遺伝したということですか」

「いやいや、そうは簡単には言い切れない」

「でも、それがわからないと対処するのにも困りませんか？」

13 杉山登志郎：杉山登志郎編（2016）：発達障害とトラウマ 総論。発達障害医学の進歩NO.28、1‐14、診断と治療社、東京。

ASD触法群とASD対照群の比較（Kawakami, et al., 2012）

	非行群（36）	対照群（139）	
虐待あり	56％	28％	p<.001
いじめあり	64％	73％	n.s.

ADHDの15歳以上の併存症（N=60）（杉山、2015）

子ども虐待	ADHDのみ	ADHD＋ 反抗挑戦性障害	ADHD＋ 素行障害（非行）
なし	17	7	1
あり	1	13	21

表3　発達障害と非行

「もちろん困る」と言いながら、教授は表（表3）を出してきた。

問題のある子ども？

「これは、僕が長年診てきた子の青年期以後の資料だ。上の表は、自閉症スペクトラム障害（ASD）、下は注意欠陥／多動性障害（ADHD）で分かれている。どちらをとっても、非行を引き起こす要因として子ども虐待が大きなものとなっているだろう？」

「本当ですね」

「こうした子の親には、自身が発達の凹凸を抱えているのに、今までそれに気がつかないできた人が少なくない。しかも、凸凹を抱えているのが父親なのか、母親なのかでどうも子どもへの影響が変わってくるようなんだ。僕の経験では、母親が凸凹を抱えているとやはり問題が起きやすい」

「え、どうしてですか、そんなの〝母親のせい〟みたいな……」

「誰々のせいだとか、そういうことじゃない。もちろん全員がそうな訳ないだろう。けれど、どうしても母親の方が、愛着形成の上で大事なのではないか、と考えざるを得ないんだよ。そして、当たり前だが、親側もいろいろな問題を持っていることが多い。とりわけ、うつ病の人が多いんだ」

「たしかに親がそういう状態なら、それだけ子育てに問題が起きそうですね」

「そもそも発達障害だけだったら、本人に合わせた教育さえしていれば、知的に高い子も低い子も、皆それなりに伸びているんだよ。しかし、きちんとした教育を施されず、さらにいじめや虐待のような迫害が加わると、にわかにおかしくなっていく」

「その根幹にあるのは、愛着形成が上手くいかないことですか？」

「そう。愛着障害とは、要は安心できない状態で育った子どものことだが、これが大きな問題を起こす」

「大きな問題とはどういうことですか？　動き回ったりするのが止まらなくなる、というような？」

「いやいや。愛着障害となるその形成過程に、もっと想像力を働かせてくれ。交通事故のような一回きりの衝撃じゃないんだよ。子ども虐待は、毎日繰り返されるんだ。

子どもは普通、親といる時が一番安心なはずだろう？　ところが、虐待やネグレクトを受けて育つと、親といる時は常に緊張が続くということだ。いきなり叩かれたり、性暴力を受けたり、ずっと無視されたり……生まれてからずっと戦闘状態が続きっぱなしになる。つまり安心とは正反対の状態で過ごすわけだ。そしてそれがトラウマになってしまう」

トラウマがもたらすもの

「トラウマというのは、心的外傷に長い間とらわれてしまい、そのことによって否定的な影響をずっと受けるということですね」

合っているかな？　ミサキは、内心緊張しながら尋ねた。

「まあ簡単にまとめるとそうなる。大きなトラウマになってしまうと、その辛い記憶を意識からはじき出してしまうということが起きるんだ。きちんと忘れてしまえればそれでいいんだが、はじき出された記憶が、ある時突然フラッシュバックという形で戻ってきてしまう」

「フラッシュバック……震災の被害にあった人が、川の流れを見ると津波の記憶を思い出して辛くなる、というようなことでしょうか」

「うーん。思い出すというのとは違う。再体験と言った方がいいだろうか。暴力場面だったり、その時感じた無力感だったり、自分を罵《ののし》る声だったり、いろいろなものがいきなり

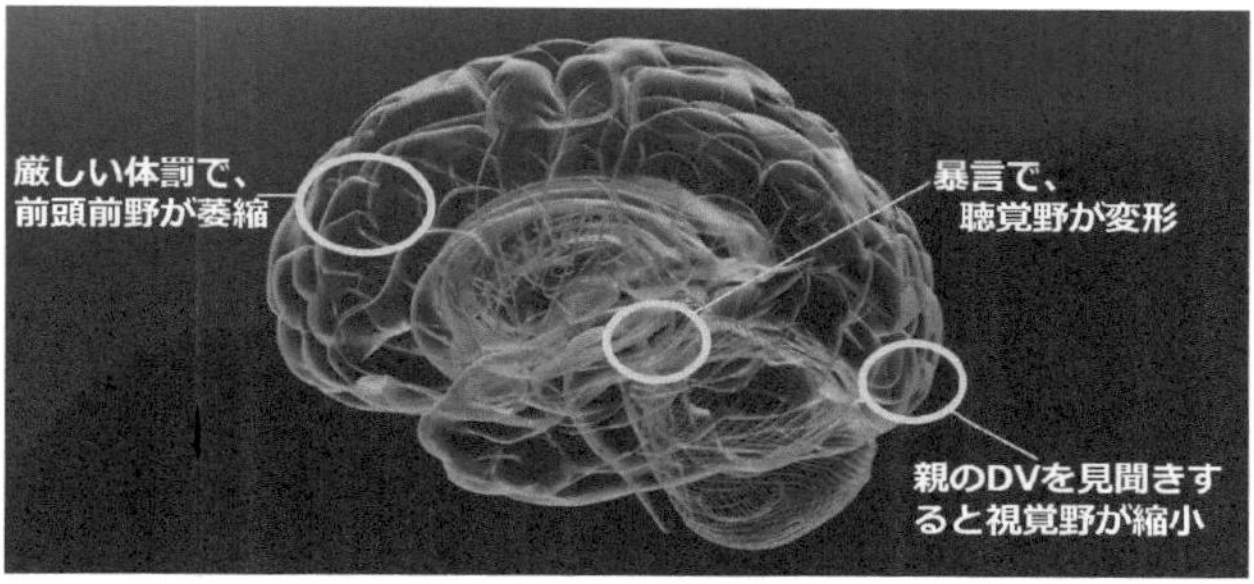

図10　虐待によって変わる脳（友田、2016）

蘇《よみが》って再現される現象というか。

暴力を受けて育った子達はフラッシュバックが背後にあるために、些《さ》細《さい》なきっかけですぐに自分も暴力を振るってしまうんだ。しかも、最近になって、子ども虐待の後遺症で、脳の働きや形に変化が起きることがはっきりしてきた。安心できない状態で育つと、脳自体が変わってしまうんだよ。ほらこの図（図10）のように[14]」

「ひどいですね……脳に直接障害を与えるということじゃないですか。それで、被虐待がある子はどう治療すればいいんでしょうか？」

「まずはどう診断するかなのだが、先ほども言ったように、子ども虐待を受けた子の多くが、発達障害の症状を呈するので、実際の診断では発達障害、ＡＳＤやＡＤＨＤとされることが多い。だが、率直に言うと、診断は下

14　友田明美（２０１６）：被虐待者の脳科学研究。児童青年精神医学とその近接領域、57（5）、７１９-７２９。

すものの、そこから対応できないのが多くの児童精神科の現状だ。もちろん僕は違うがな」

「え、治療できていないということですか？」

「ここに今の精神科が行う診断の限界があると言っていい。少し、精神医学界の話になるがついてこれるかね」

ミサキは、あれだけ話をよく脱線しておいて何を今さら、と思ったが、素直に「はい」と答えた。

愛着障害の診断と治療

「精神医学の診断の下され方は、他の医療部門とは全く異なる。なぜなら、頭の中がどうなっているかなんて、ごく最近までわからなかったからだ。

これまでどうしていたかというと、症状を長年にわたって丹念に調べていき、同じような症状と経過を示すものを一つの病気とするという方法をとっていた。つまり、内科や外科は、ウイルスとかガン細胞とかといった直接の原因を探してそこを治療するわけだが、精神医学では、症状だけで判断していたということだ。この診断方法を確立した研究者に敬意を表してこれをクレペリン型診断と呼んでいるが、いまもこれが基準となっている」

「つまり、原因によって診断されていない、ということですね」

「今日は物分かりがいいじゃないか。注意欠陥／多動性障害という診断を下すかどうかは、要は普通の子よりも単に、よく動いてしまうことで生活に支障が出ているかどうか、というだけに過ぎない」

そう言い切った後、杉本教授は「こんな乱暴な言い方をすると他の精神科医から非難されそうだが……」とつぶやいた。

「それは、他の発達障害についても同じなんでしょうか？」

「そうだ。前回、君は発達障害の一覧表を見たと思うが、知能や社会性などさまざまな発達の領域を分けた時に、その領域ごとに問題があり、その問題の程度は普通に近いものから重度のものまでグラデーションをなすのが発達障害というものだ」

「なるほど」

「ところが、発達障害を〝個性〟とかいう馬鹿者がいる。生活に困るような状態を抱えていたら、個性どころでは済まないと少し考えればわかるだろうが。問題から目をそらせば、解決できるものもできなくなるのに！　本当に最近の者は……」

「えっと、先生、つまり精神科疾患の診断方法は、病因を問題にしていなかったということですね」ミサキは慌てて本筋に話を戻した。

「そうだ。だから、愛着障害が先か、発達障害が先かはちっとも検証されとらん。卵が先か、鶏が先かレベルなんだよ。精神医学の診断というものは、それほどいい加減なものだということだ！」

「それじゃあ、きちんとした治療にならないじゃないですか⁉」。教授に乗せられて、ミサキもつい熱くなってしまった。

「なんだか今日は君と意見が合うな」。機嫌が良くなったのか、滑《なめ》らかに解説を続ける。

「症状だけで診断して、治療を試みるマヌケな精神科医が大多数になってしまったので、複雑な問題には全く手がつけられていない。本当に嘆かわしいよ。

虐待があって愛着障害だと考えられるときは、その根本のトラウマへの治療をしなければならないんだが」

「そのトラウマへの治療はあまり行われていないんですね？」

「トラウマについてよく知られるようになったのは、１９９５年の阪神・淡路大震災の後だ。だがね、そこからトラウマについて研究されたり臨床調査で扱われてきた大多数は、震災や交通事故といったような一回だけ起こったことに関する問題なんだ」

「それでは、ダメなんでしたっけ？」

「子ども虐待のような長年にわたって続く問題は、一度だけの大変な体験とは全くレベルが違う。共通の要素があるにしても、別の問題と考えた方がいい。

一度の大きなトラウマ体験によって起きてくる病気の表れを、心的外傷後ストレス障害(Post Traumatic Stress Disorder)、略称ＰＴＳＤと呼ぶが、それに対して、長期にわたって繰り返される配偶者暴力や子ども虐待などによって起きる問題は、複雑性ＰＴＳＤと呼ばれている[15]」

「複雑性ＰＴＳＤ？　初めて聞きました」

「複雑性ＰＴＳＤは、まずいろいろな問題が一緒に起きる。うつ病みたいに見えても、ハイテンションになってしまうこともあって、じゃあ躁うつ病かというと、躁うつ病の薬では気分の上下は治らない。他には、ぼーっとなって日常的にめちゃくちゃな物忘れがあったり、すぐに死にたくなったり、まあ本当に大変なんだ。多分それの引き金に、フラッシュバックがあるからなんだと思う。普通の精神科の薬はほぼ効かないといっていい。実は、この複雑性ＰＴＳＤはこれまで精神医学の診断基準に登場していなかったんだよ。ようやく２０１８年に公表されるＩＣＤ－11に登場する予定なのだが」

「え？　今まで登場していない、ってどういうことですか？　診断されない、ということでしょうか？」

15　Herman JL. (1992):Trauma and Recovery. Basic Books, Harper Collins, Publishers, Inc., New York.（中井久夫訳（１９９６）：心的外傷と回復。みすず書房、東京）

「そうだ。大多数の精神科医は、診断も治療もできない」

「でも、先生は一番対応が必要な発達障害のグループとおっしゃってましたよね……」

ミサキは、現状の治療レベルに頭がクラクラした。

「無論、我々は違うがな。これは子どもの話だけではないんだよ。虐待ゆえなのだから親の世代も問題だ。

子どもは学校で大暴れをしている一方で、その親は親で大人相手の精神科医に受診してもちっともよくならない。この親が学校にはクレーマーだったりするんだよなぁ。それで結局、僕や矢野先生が、受診した子どもと一緒に親の治療までやることになる。僕は、最近、親のその親のじいさん・ばあさんの治療までやり始めたよ。それがいいことかはわからないがね」

ミサキは、杉本教授のことをまた少し見直した。杉本教授について一緒にやっている矢野准教授のことはもっと見直したが。

「でもそれこそ親が子どもの傍《そば》にいれば両方治療することができるでしょうが、たくさん引き受けている児童相談所や、児童養護施設などにいる虐待を受けた子ども達は、どうしているんですか？　先生方がずっとついてらっしゃるわけじゃないでしょうし」

「押し寄せる子どもの保護や対応だけで手一杯で、具体的な治療に関しては何もできていない施設が大多数だと言っていい。そもそも何世代にもまたがる問題を、きちんと治療するのはそう簡単にできるわけじゃないからね」

「でも日本政府も厚生労働省も、発達障害の治療や子ども虐待への対応は大事な問題だとアナウンスしていますよ」

「ミサキ君。旧帝国陸軍の員数主義というのは知っているかい?」

「いえ、存じません。何の関係があるのですか?」

急に話が大きくなる教授お得意のパターンだ、とミサキは警戒しはじめた。

「要するに、見た目だけ整えるというあれだよ。敵を科学的にきちんと分析して、それと戦えるよう戦力を備えるのではなく、立派なことを言って形だけやったように見せるが、実戦となると無力だということだ。

勇ましいことを言っていた特攻作戦が、実際はどれほど効率の悪い作戦だったか知っているかね。訓練を積んだベテランの操縦士や、未来のある20歳前後の若い兵士を、たった一度の攻撃で死なせてしまうんだよ。しかも、敗戦直前の御前会議で、九十九里浜に本土決戦の要塞ができているから徹底抗戦できると軍が言うのを、天皇陛下が侍従に見に行かせたら要塞など何も無かったというエピソードを聞いたことはあるかい? 陛下はそれで終戦の決断を下されたという……」

「あの、それと子ども虐待となんの関係があるのでしょう?」

終戦まで教授は飛んでいってしまった。やはり話が大きくなったので、ミサキはすかさず質問を差し挟んだ。

「ふむ。つまり、日本は残念ながら、今も昔も根本的なところで何も変わっていないということだ。言うことは立派だが、その内実、科学的対応も、そのための人力・戦力の補充も十分にせず、見せかけのポーズだけで済ませてしまう。

問題が見えているのに、被虐待児への有効な対応方法を構築できていないから、ただ無為に時間がすぎ、次の世代へと拡大していく。こうして、子ども虐待は、疫学統計の常識を破る増加を続け、次の世代にかかる社会的予算を増やし続けているんだ」

「はー」

太平洋戦争の知識には疎いが、精神論だけで具体的なフォローをしてくれない会社の上司の顔を思い浮かべて、なるほど、とミサキは納得してしまった。

「君達の世代に期待したいところだがね」と言いたいことを言って穏やかになった教授は「どうだい、今日はかなり深い話をしたが、整理はついたのか?」と尋ねた。

「余計に混乱したかもしれません。じっくり考えてみます」

ミサキが正直に打ち明けたところ、「わからない、と思うことは理解の第一歩だ。いいことだよ」と珍しく素直にミサキを褒めた。

「じゃあ、今日はこの辺で。

次回は、君が気になるトピックとして企画書に書いていた〝子どもの貧困〟について話そう。それも発達障害や子ども虐待、世代間連鎖とも関係するからな」

そう言って、教授は次の予定を決めてしまった。

ミサキのまとめメモ

○第4の発達障害＝愛着障害（反応性愛着障害）は、とりわけ被虐待児に起きてくる

→虐待やネグレクトを受けて育つと、親といる時は常に緊張が続くということ。安心とは正反対の状態で過ごし、それがトラウマになる。脳自体も変わってしまう。

→重度なグループは自閉症スペクトラム障害、もう少し軽いグループは注意欠陥／多動性障害そっくりの症状を呈する。

○長期にわたって繰り返される配偶者暴力や子ども虐待などによって起きる問題＝複雑性PTSD

→これを治療せねばならないが、まだ治療法が十分に確立されていない。

○愛着障害を引き起こす子ども虐待の問題は、親の世代も問題となる

→子どもの発達障害の治療だけではなくて、親と子両方に社会的なサポートが必要。

第5章　『幸福な王子』と子どもの貧困問題

2週間後、杉本研究室を訪れたミサキは、絵本がソファに置いてあるのが目に入った。表紙には、ヨーロッパのどこかの王子の銅像と、その肩にとまるツバメが明るい色使いで描かれている。

「教授、これはオスカー・ワイルドの絵本『幸福な王子』ですね。裕福な暮らしを送っていたある国の王子が、死後銅像となって魂をそこに宿す。そして、初めて庶民の暮らしを目にして、銅像の体についていた宝石を友達のツバメに運ばせ、貧しい人に与えるという物語の」

「うむ、そうだ。今日は、子どもの貧困の話をするからね。家から持ってきたんだよ」

そう言いながら、杉本教授はミサキに秘書の女性が淹れてくれたコーヒーを勧めた。ミサキはこの絵本がどう関係するのかと怪訝《けげん》に思いながら、質問を切り出した。

「最近、子どもの貧困が話題になっていますよね。けれど、何とかしなければという主張や、ひどい実態が報道されるだけで、子育てと関連づけて、具体的に子どもの発育にどう貧困が影響を及ぼすのかが、きちんと考えられていないと思うんです。その辺りについてお伺いしたいなと」

「君の企画書の中で、唯一褒めるべき点だと思うのが、この話題を取り上げていることだ」

褒めているのかけなしているのか、よくわからないコメントをしてきたが、ミサキはもう気にしないことにした。教授のペースに巻き込まれないことが、取材のコツだ。

「そういえば前回、教授は貧困が発達障害と関連があるとおっしゃっていたのですが、どういうことなんでしょうか？」

子どもの貧困と発達障害

「最近、外来に来た親子なんだがね。母親は夫と自身の父親からの暴力を避け、隣の県から一時的に避難してきた。市役所の福祉課に相談して、初めは子どもの方、小学校高学年の女の子だが、その子だけ受診しに来て、知能指数を測ったら遅滞レベルだった」

「知的障害を生来持っていたということですか？」

「多分違うと思う。その子は低学年の頃からずっと学校に行っていなかったんだ。学習をしていなかったら、知能指数が下がるのは当たり前だろう？　適切な教育を受けていないんだから。

　しかも、その子はね、父親から母親に振るわれる激しい暴力を目撃したり、自分自身も暴力を受けたり、さらには両親が離婚した後、母親の新しいボーイフレンドからは性的な被害まで受けていた。こうなると、嫌なことを意識から飛ばすという心の動きが作動する。すると、学習したことも残らなくなってしまうんだよ」

「それで、知的障害、つまり発達障害になってしまったのですか？」

「ただその子の発達障害を治療すればいいということじゃないんだ。話にはさらに続きがある。母親の方は、もといた県で精神科を受診していて、信じられない量の薬を処方されていた。そのせいで、ぼーっとしていて家事すらもままならない状態だった」

「精神を追い詰めるほど、夫の暴力がそんなにひどかったのですか？」

「それもあるが、母親自身も思春期前から性被害を受けていた。世代間連鎖だよ。

この親子を助けるための福祉援助の制度はいろいろあるが、母親任せにしていたら申請すらできない。うちの精神科のソーシャルワーカーがつきっきりで手助けをして、やっと役所などの手続きができたという状況だった」

「前回の話で出たことですね。親子で連鎖しているために、子どもの発達障害の治療だけじゃなくて、親と子両方に社会的なサポートが必要になってくるという」

ミサキは思い出しながら話をうながす。

「そうなんだ。親の側が、困難な状況の中で育ったために、ろくに学校に行けていないと、社会的サポートを申請するための書類作成といったことにも助けを必要とする。これこそ、〝発達障害〟を抱えているわけだな。そうなると当然、その子どももさまざまなサポートが受けられず、義務教育をきちんと受けることさえままならなくなり、発達障害の連鎖を作ってしまう。

世代をまたぐ子育て困難集積家族は、子ども側が発達障害の診断を受けているケースがほとんどだと言っていいだろう。そしてこうした親子とともにあるものは〝貧困〟だ」

「なんとなくわかる気がしますが、その〝貧困〟との結びつきをもっと嚙《か》み砕いて言うと、どういうことなのでしょうか？」

母子家庭と父子家庭の問題

「ふん。説明しよう。

大抵、問題を抱えた家族は、夫婦仲が上手くいかず片親となりがちだ。特に、母子家庭には貧困にまつわる問題が山積してしまう。生活保護を受けずに頑張りたい、という真面目な母親ほど、大変になる。理由はわかるかい？」

「え、わかりません」

「日本社会は、母親が就労しようとすると、逆に生活の困窮《こんきゅう》を招き寄せるという仕組みになっているんだ。

出産を機に仕事を辞めた女性や、出産前から不安定な職業に就いていた女性は、ほとんど非正規雇用の仕事に就かざるを得ない。しかも、生活保護に頼らず働こうとすると、安い賃金ゆえに長時間労働になってしまう。そうなると、生活を維持するのに精一杯で、子育ては手抜きせざるを得ないだろう。

そもそも、親が離婚や別居をする間に、子どもはさまざまなマイナスの体験を抱えている。その上、親からの世話が滞れば、さらに問題が起きやすくなる」

「問題、というのは具体的にはどういうことですか？」

「暴力的なトラブル、不登校、非行さ。

そして、子どもがトラブルを起こせば、親はすぐに学校や警察に呼び出されるだろう。今度は、子どもの起こす問題が、必死に働く親の足を引っ張る。こうしてマイナスの相互作用になっていくわけだ」

「はー、お母さんが一人で子育てするのは本当に大変そうですね」

「女性が片親の場合は、さらにボーイフレンドの問題もある。

自分の育ちが不安定で、対人関係をうまく構築できない女性は、なぜか同じように不安定でしかも暴力的な男に惹《ひ》かれることが多い。配偶者暴力を受けた女性は、夫から子どもへの虐待が原因で離婚をしても、また同じような暴力男とくっついてしまうんだよ。

しかも、一度生活の困窮を経験すると、子どもよりも、お金を稼いでくる可能性があるボーイフレンドの顔色を常にうかがうようになってしまう。こうなると、もう子どもを中心とした生活は無理になるだろう。下手をすれば、新聞記事になるような、家庭内暴力事件になることもある」

「それは、悲惨ですね……。でもやはり、女性の側に子育ての負担がかかりすぎているんじゃないでしょうか。養育費を元夫が払ってくれないとかも問題になっていますよね」

「一方で、父子家庭も独特の問題があるんだ。そもそも日本の男性の働き方は、長時間労働が普通だろう。そうして単身で働く父親に、家事や育児を十分に行うゆとりはないから、代わりにやってくれる祖父母などがいない限り、子育てについては、ネグレクトが生じやすい。その状況に置かれた子はそもそも、母親に捨てられた、という強い見捨てられ感があるから、それらがかけ合わさって強いうつが生じ、不登校という形になりやすいんだ」

「もう父母どっちでも片親家庭は大変そうですね」

シングルの家庭は、性別を問わず、社会的に追い詰められやすいんだ……。

「子どもを健康に育てるためには、複数の親による分業が必要不可欠じゃないかな。片親家庭の有様を見ていると、一夫一婦制というのは、子育ての基本単位であることがよくわかるんだ。少なくとも、愛着形成の時期まではね。人間の基礎工事みたいな時期だろう。逆に、ここさえしっかりしていれば、なんとかなる」

「だから、3歳まで、と先生はおっしゃるんですね」

「ほら、有名な歌手とその夫のポスターがかつてあっただろう、〝育児をしない男を、父とは呼ばない〟とかなんとか。まぁ、あの夫婦はその後別れてしまったようだが。要は、子どもが3歳までは、簡単には離婚しない方が良いということかなぁ」

「けれど、昔から、逆境の中で育って立派に成長した立身伝中の人物もけっこういるんじゃないんですか？　両親ともいないとか、それこそすごい貧困家庭だったとか」

「もちろん、そういう強い子もいる。タイプとしては、たいてい2パターンの人物像に分けられる。

一つは、基礎工事のところまではなんとか大事に育てられている人。そして、もう一つは、親に早い段階で見切りをつけて、どんな手段を用いても自立することを考えている場合だ。だが、二つ目のパターンの子は、大人になった時に、攻撃性と強い緊張を抱えた人物になりがちだ。ほら、知事になったりする有名人の中でも、そういう人間が時々いるだろう」

「それは、どこの県の知事さんのことですか？」

「まぁ、その辺りはご想像にお任せするよ。でもとりあえず、まずは経済的な問題をなんとかしなくてはならないんだ」と教授はさらに熱くなって話を続けた。

経済的困窮が、抑うつを生む

「現在の日本では、正規雇用の減少のために、若い者ほど不安定な経済的基盤を抱えているケースが多い。真面目な若者ほど、結婚や子育てには踏み切れないということが増えている。

その一方で、結婚離婚を繰り返し、子どもの数だけはどんどん増えるが、その大半が社会的な援助を必要とするという家族もまた増えている」

「子育ての一番大事な時期の若い夫婦に、最もお金が足らない、ということが問題なんでしょうか？」

「その通りだよ。困窮した生活は、親側に強いストレスと不安を作り出すだろう。つまり、親子共々安心が得られない状況下での子育てがずっと行われるわけだ。

僕が外来で出会う、貧困の中で必死に子育てしている片親の場合、男女問わず、親は難治性の抑《よく》うつをほぼ全員が抱えている。そうなると、ネグレクトとなって子どもの側もまた抑うつが広がるんだ。不登校も極めて多くなる。そして、高校卒業資格の取得が滞ったり、さらには読み書きといった基礎学力すら怪しい場合も稀ではない。この親子のうつには、抗うつ薬は全くといっていいほど効かない。それどころか、下手にそういう薬を出すと、親子ともどもむしろ悪化してしまう」

「なんだか、暗い気持ちになってきました……。解決策はないんでしょうか?」

「子どもを大切にしよう、という社会的合意のもとに、子育てに優しい世の中にしていくしかないと思う」

「それに反対する人なんていないと思うんですが」

「そうだろうか、ちょっと考えてみてくれ」

ここまで勢い込んで話し疲れをしたのか、教授はソファから立ち上がって、大きく伸びをした。

富を独り占めする世界

「確かに、電車の中でわざと妊婦に辛く当たったり、働くお母さんをよく思わない人はいますよね」

「そういうこともあるがね。

ほら、ここで『幸福の王子』の話を思い出してほしいんだ。銅像になる前の『幸福の王子』は、幸せで裕福な生活を送って、貴金属や宝石を一人で抱えていたわけだ。これが日本の姿じゃないだろうか。さらに、これは日本だけじゃなくて、いわゆる先進国のあり方そっくりではないかね」

「つまり……?」

ミサキは、ここで絵本の話に入ってきたので驚いた。教授お得意の飛躍による解説が始まったようだ。

「我が国は、貧困を撲滅《ぼくめつ》したと長いこと信じられてきた。ところが最近になって、格差社会が広がり、子どもの貧困が問題になっている。

王子は、銅像についていた宝石を人民に恵まなくてはいけないんだよ。だが、最初の回で言ったように、そもそも世界を席巻している新自由主義は、格差社会を拡大する方向に向かう。徹底した新自由主義を掲げながら、子どもの虐待防止を呼びかけるのは、〝矛盾〟なんだ。1%の富裕層が、富の全体の過半を握っているというのはどう考えてもおかしいだろう。

限られた狭い範囲の場所や人が繁栄を得たとしても、その代償に、他の多数の人や地域が貧困に沈めば、そこから新たな不安定化の要因が、時として、国境をまたいで起きてくる。気がついた時には、手遅れになってしまうかもしれない」

「手遅れ……。確かに、『幸福の王子』の物語の終わり方は、宝石をあげたことでボロボロのみすぼらしい姿になった銅像は、結局、撤去され溶鉱炉で溶かされるという悲惨な最期でしたね……」

「〝幸福の王子〟だと思っていた国側にも、分け与えられる宝石の数は限られている。共倒れになりかねないんだ」

「それを崩すにはどうしたらいいんでしょうか？」

子育てのために、繁栄のシンボルをやめる⁉

教授は、こほん、と咳払《せきばら》いをして、大きなお腹をさらに突き出したかと思うと、自信満々に話し出した。

「まずはオリンピックだな。ああいう繁栄のシンボルをやめるんだ」

「え⁉　オリンピック？　楽しいし、いいじゃないですか」

「するな、と言っているんじゃない。タックスイーター、税金の無駄遣いをして自分達の権益を拡張しようとする役人と、彼らと結託して不当な利益を得る大企業や資本家が群がるような、大金をかけたイベントにしてしまうのがまずいんだよ。

　今や、広告代理店やらなんやらが入った、お金と権力が全て、みたいなイベントに成り果ててるだろう？」

「うーん……。じゃあ、先生ならどうするんですか？」

「みんな手弁当でするんだよ。

選手は、出たい人だけ現地に集合して、競技に参加して、勝手に帰る。開会式もアトラクションも全部やめて、最後は参加者だけでオリンピック賛歌を皆で歌って、それで解散だ。テレビ中継もしない、見たい人だけ見に行く。スポーツ自体に魅力があるというなら、それで十分じゃないか」

「それは現実的じゃないような……先生のオリンピックのお話はもういいです。他にもっと現実的な解決策はないんですか？」

「ふん。そうだな、まず皮切りに、東京は日本から独立すべきだね」

「え？」

さらに突飛な話に、ミサキは頭がフリーズしてしまった。

「子どもの貧困にしても、支えが機能しない地域社会にしても、多くは都会がその舞台となっている。とりわけ東京だ。

だから、日本国から東京を外して、東京には独立国家になってもらうんだよ。東京以外の地域で日本国を構成する。東京国への引っ越しには税金を取り、東京国へのエネルギー配給や食料などの物資供給にも関税をかける。そうすれば、地方からの人口流出も抑えられるかもしれないし、地方のお金も潤う」

「あの、真面目な話をお聞きしたいんですが」

「いたって僕は真面目だよ。他の地方ではそこそこ子どもも生まれているのに、東京などの大都会では未婚化が進んでいる。しかも不安定な雇用状況が当たり前のように放置されているのに、そこに若者が吸い寄せられているじゃないか。失業率がましになったとかいうニュースがあるが、質が問題なんだ。

東京国独立の機会に、敬愛する天皇陛下には京都にお戻りいただいて、日本の首都は別に大阪か名古屋に置けばかなり変わる。都知事は東京共和国大統領になればいい！」

「えーっと」

ミサキは、割り込もうとしたが、教授の舌は止まらず高速回転を続ける。

「グローバリズムも新自由主義も、人に、子どもに、幸福をもたらさないことがはっきりしてきたのではないだろうか。21世紀になって人類は、進化したのではないんだよ」

「あの、けれど、発達障害や被虐待児についても、科学技術が世界規模で進歩してきたから、ずいぶんと解明されて治療方法が確立したのでは？」

「僕は、科学者の端くれとして、科学的事実を尊重し、事実に基づいた医療というものを信奉してきたんだが……。ミサキ君、僕はその信念が最近揺らいでいるんだ。

もし、科学的事実に基づいた医療が正しい働きをするのなら、その最先端を行っているはずのアメリカの子ども達の幸福度はどんどん上がっていっているはずだろう？　だが、精神薬の消費量ばかり増えて、ちっとも良くなっているように見えない。日本もよほど気をつけないと、同じ轍《てつ》を踏むだけではないか、と完全に悲観しているんだ」

杉本教授が、言葉を詰まらせて再び立ち上がり、研究室の窓から外に目をやった。

ミサキも何も言うことができず、無言の時間が流れたが、タイミングよく研究室のドアをノックする音が聞こえたかと思うと、メガネをかけた秘書の女性が、ひょこっと顔を出した。

「杉本先生、そろそろ……。次のお客様がまもなくいらっしゃいますので……」

「おう、そうだな」

ミサキは帰る前に今日の話をまとめようと、「教授、〝発達障害と子どもの貧困〟がテーマの回でしたが、まとめると、発達障害の背景には、もっと大きな社会的な問題があるということですね。だから、単に子どもを治療すればそれで済む、ということではない、と」

と確認した。

「ふむ。そんなところだ。君にしては、よく理解できたじゃないか。

本当に、社会全体、世界全体の問題なのだよ。若い君達が、この社会システムからの離脱を本気で考えないと、未来はないと言っていい！」

「うーん、前回もそうおっしゃっていましたが、若者世代だけに責任と期待を押し付けてほしくないんですが」

ミサキは自分達だけ逃げ切ろうとする上の世代には辟易《へきえき》していた。私達の世代は年金だってもらえるかわからないのに。でもそれを今教授に言ってもしょうがないので続けて「矢野先生も悲観的にお考えなんでしょうか？」と尋ねた。

「いや、彼は僕ほど猜疑的《さいぎてき》ではないよ。科学的事実に基づく医療の幸福な信奉者さ。発達障害や子ども虐待の問題の大きさをわかってくれたようだから、次回は、君が特に聞きたいであろう、子育ての具体的な話に入っていくことにしよう」

「どういう子育てをしたらいいのか？　ということですね！　待ってました！　それで、先生、どなたが教えてくださるのでしょう……？」

「ああ、矢野君でいいだろう。日にちは彼から連絡してもらうよ」

ミサキは、それを聞いて安心した。

「何だか嬉しそうだね？　僕でもいいんだけど研究会があってね。何とか日程を調整しようか？」と、杉本教授が大きな瞳をギョロッと光らせてミサキを見た。

「いえいえ、本当に残念ですけれど、お忙しい先生をわずらわせてはいけないので、矢野先生からのご連絡お待ちしてますよ」

嬉しい気持ちを教授に悟られないよう、ミサキは表情を固くして研究室を出た。

ミサキのまとめメモ

○困窮した生活は、親側に強いストレスと不安を作り出す

→親子共々安心が得られない状況下での子育てが行われる。

→子ども側が発達障害となるケースがある。

○貧困の中で必死に子育てしている片親の場合、男女問わず、親は難治性の抑うつに陥りやすい

→ネグレクト（育児放棄）につながりやすい。

→子どもの側もまた抑うつが広がり、不登校や非行になることもある。

○子どもの貧困とそれによる発達障害や子どもを取り巻く問題は、社会全体、世界全体の問題

→新自由主義の行き過ぎを止め、子育てに優しい世の中にしていくしかない。

第6章　乳幼児期の自立と躾

矢野准教授の研究室を訪ねると、先生はいつものようにニコニコとした表情で出迎えてくれた。

「前回の取材はいかがでしたか？」

そう矢野准教授に尋ねられたミサキは、「杉本先生のお話は、社会全体を見据えたとても大きな話でした。でも、途中から本気なのか冗談なのかわからなくなるくらい話が大きくなってしまって」と答えた。

オホホホと上品に笑いながら矢野准教授は「私だって、いつも煙に巻かれてますから、気にしないでいいですよ」と慰めてくれた。

- 赤ちゃんの言葉はどのように育っていくのか、どんな関わりをすれば良いのか
- 食事やトイレなどが自分でできるようになるコツとは
- 躾をするときの注意
- 健康な生活を送るコツは
- 子どもの病気、事故を防ぐには

表4　幼児の発達と要の課題

言葉の発達

「さて、子育ての話ですね。どんな子育てがいいのか、ということが一番聞きたいことだと思うのだけれど、それには子ども達の〝発達〟というものを知る必要があります」

矢野准教授が表（表4）をミサキに示して話を続ける。

「これが幼児の発達によって起こる、要の課題です。まず最初は、言葉の発達ですね。この図（図11）を見てくだ

さい。おおよそこのような発達をしていきます」

ミサキが見ると、この図には二つの山があった。1歳から1歳半まではゆっくりで、そこから2歳にかけて急に伸び、そして3歳をすぎてまた大きくジャンプしている。

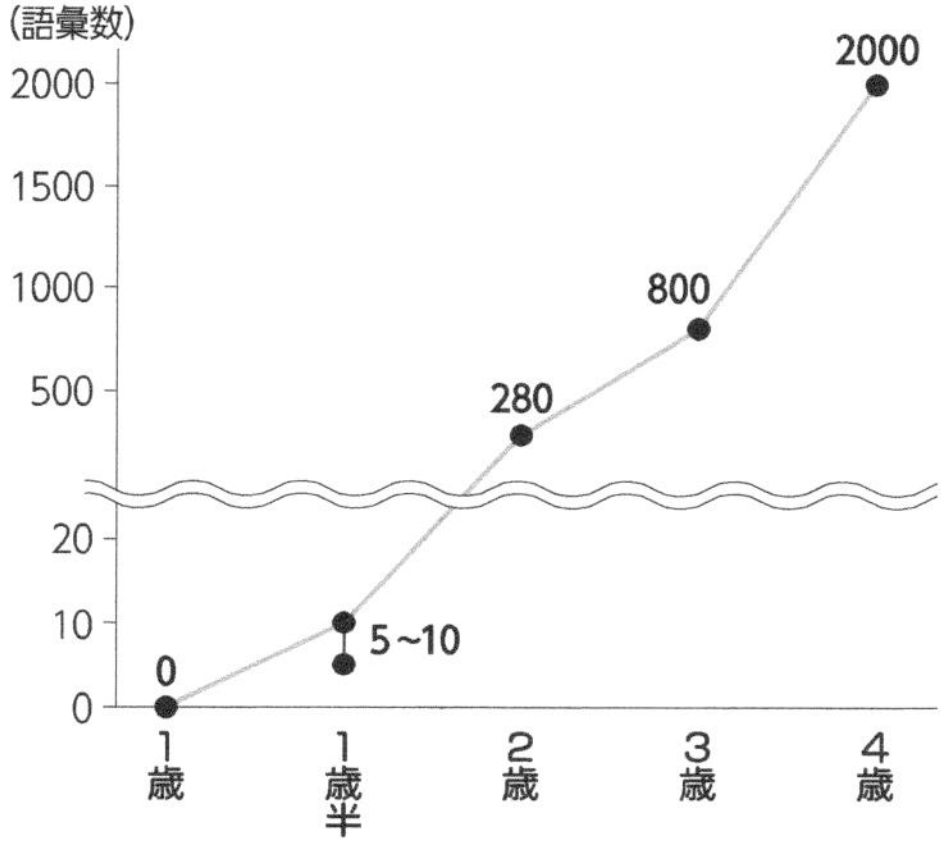

図11　語彙数の発達

「二つの山があるでしょう？　では、最初の山、言葉を話し始めるところから説明しましょう。

1歳ごろの赤ちゃんは、歩き始めるようになると探索が始まりますが、親を安心する場所として認識して、外と親とを行ったり来たりします。そして、最初にママとかマンマとかいう言葉から始まります。赤ちゃんの最初の言葉は世界共通で決まっていて、マ行パ行バ行です」

「ママ、パパ、バイバイ、ほんとだ。どうして、この音から始まるのですか？」

「この音は、上下の唇を合わせてパッと離

した時に出る音（両唇音）です。大人の口の動きを見てまねしやすい音なんです」

「なるほど」

「1歳半から2歳の最初の山が、2語文に一致する時期です。2語文とは、〝りんご　ちょうだい〟〝まま　だっこ〟というような二つの単語でできた文章のことです。50語から100語くらいが使えるようになります」

「ちょうど愛着形成の時期ですね」ミサキは子どもの拙《つたな》い発音は可愛いなぁと姉の子どもを思い出した。

「そして、とても大切な言葉が出てきます」ふふっと笑って矢野准教授が「何だと思いますか？」と尋ねた。

ミサキは、え、何だろう？　と首を傾げた。

「〝なあに〟という言葉が出てくるんです」

「ああ。〝これ　なあに〟の。身の回りの物に名前があることがわかってくるんですね」

「その通り！　周りのものや、さらに一連の行動に名前があることがわかってきて、名前を知りたいと思うようになる。ここで大きく発達するんですね」

「なるほど。この次のジャンプは、3～4歳ですね。これはどういう発達段階なのですか？」

「この時期、子ども達は精神活動や言語生活を始めるんです。ちょっと大げさな言い方ですけどね」そういって矢野准教授はウィンクした。「要するに、体験したことを言葉で話したり、気持ちや考えたことを言葉にし始めます。行動や動作といった、体の動きが言葉の発達と関連していることがはっきりわかっています」

話し言葉の遅れは発達障害のしるし？

「幼児の発達というと、発達障害では言葉の遅れが多いようですね」とミサキは事前に予習してきたことを思い出しながら尋ねた。

「言葉の遅れは、児童精神科医への受診理由としては一番多い問題の一つです。ただし、ここで注意しなければならないことがあります。それはね、すごく個人差があるということです」

「皆同じようには言葉を習得していかない、と」

「そうです。特に2歳代に言葉が急に伸びるグループが結構あるので、話し言葉がいくらか遅いだけなら、それほど心配する必要はないんです。

児童精神科医は話し言葉が遅いことよりも、言葉の理解がどうかということを特にチェックします。こちらの言うことがわかっていても、話し言葉が出てこない子どもはおおむね1割くらいいるので、それほど心配いりません。

発達に凸凹がある場合には、言葉だけではなくて、それ以外の例えば感覚の過敏さがすごいとか、よく動いて親の手を振り切って何処かに行ってしまうだとか、ほかの問題が一緒に起きてくるんです。だから、言葉の遅れだけを取り出す必要はないんですよ」

「でも、やっぱり親御さんは気になると思います。もし言葉が遅いと感じたら、どのように子どもと接すればいいでしょうか？」

「そうですねぇ。2パターンあるのですが、一つは、言葉はやがて出てきて、その後の言葉の発達は伸びていくのに社会的な行動がめちゃくちゃ苦手な子ども達。二つめは、言葉だけではなくて、発達全体が遅れている子ども達。後者は発達段階を一つ一つ積み上げていかないといけない子ども達なので、単に少し言葉が出るのが遅い子ども達に参考になるかはわかりません。

ですが、この両者ともにいつもアドバイスすることは、コミュニケーションの基盤となるものを大切に育てていくということです」

「基盤というと、どういうことでしょうか？」

「一言で言うと、頭の中でイメージを作る能力です。この表（表5）を見てもらえるとわかると思います。

例えばまねをする時も、頭の中にその動作のイメージを作らないとダメでしょう？ その場でまねをするのではなくて、保育園でやっていたダンスのまねをおうちでして見せるなどの〝後模倣〟と呼ばれる幼児がよくやる行動は、まさに頭の中でイメージを作りながら動いているわけですね」

「なるほど」

「そのほかに、状況を見てその状況に合わせた理解をするとかもそうです。例えば、買い物かごをお母さんが持つと買い物に行くのがわかるとか、バスタオルを見てお風呂に入るのだな、とか。もっとダイレクトに言うと、〝○○持ってきて〟と言われて、持って来られれば良いわけです。○○を頭の中でちゃんとイメージした、ということですから」

「毎日の身近な生活自体がそのままコミュニケーションの発達につながるということですね」ミサキは納得しつつ、やっぱり日常の積み重ねが大切なんだな、と思った。

「言葉によって、世界が理解され、把握されていくんです。例えば、足が4本あって毛があって、ちょこちょこっと動いて〝にゃー〟と言うふわふわしたものがいますよね。それに〝ネコ〟と名付けて猫を知るわけです。それで〝ワン〟と言うそれより大きなものを〝イヌ〟と名付けて、ネコとは違うこ

表5
言葉の前提となるイメージ

- 状況判断
- まね 特に後模倣
- 指さし
- 描画
- 見立て遊び

とを認識する。

フランスにはタヌキが生息していないので、何を当たり前のことをと思うかもしれませんが、フランス語にタヌキを表す単語は無いのです。フランス人はタヌキという存在を知らないために、フランス語ではイヌとタヌキの区別がつかないことになる。こうしたことは、動物や物に限ったことではありません」

「そうか、気持ちだったり、行動だったり、季節だったり、名前が付けられて初めてそれが混沌とした世界の中で切り取られて、把握されていくことになるのですね」

「そうなのです。だから、言葉をまねて声を出すことができても、それが頭の中でイメージと結びついているかどうかが問題なのです。一方で、言葉足らずに〝ミ〟と声を発しても、それが〝ミルク〟だというイメージの裏付けがあれば、そんなに心配は要りません。児童精神科医は、この点を見るのです」

トイレトレーニングのコツ

「では、言葉の発達について伺うのはここまでにして、次に身辺自立の課題に移っても良いですか？

トイレやオマルでの排泄《はいせつ》、食事の際の振る舞い、服の脱ぎ着ができる、といった身の回りのことが自分でできるようになる課題のことですね」

ミサキは、事前にメモにしていた項目を読み上げた。

矢野准教授は、児童精神科医の標準的な項目はこんな具合です、とまた新たな表（表６）をミサキに見せながら、「身辺自立の課題についても時代の流行《はや》り廃《すた》りがあるんですよ」と困った顔をした。

「まず、いわゆるトイレトレーニングをいつから始めるのかということですが、ずいぶん個人差や文化差があることがわかっています。

あくまでも研究の結果なのですが、早くトレーニングを始めるとなんと10ヵ月くらいでもできることがわかっています。でもね、今は紙おむつが一般的で、昔のように布おむつで洗濯が大変ということもなくなったでしょう？　だからなのか、最近は無理をして早くから練習しなくても良いのではないかという考え方が主流で、３歳前後からゆっくりやれば良いという人が増えています」

「10ヵ月でできるというのはびっくりです」

ミサキは目を丸くした。

「もちろん、繰り返し練習しなければいけません。でも、例えば３歳とか、ある程度の年齢になると、そんなに時間をかけて練習しなくてもすぐにできるようになります。確かに、

1歳 0ヵ月	2〜3歩歩ける
1歳 0ヵ月	スプーンを使い自分で食べようとする
1歳 4ヵ月	50メートルぐらい歩ける
1歳 6ヵ月	本を読んでもらいたがる
1歳 6ヵ月	簡単な手伝いをしようとする
1歳 6ヵ月	おもちゃの自動車を引っ張って歩く
1歳 8ヵ月	歯を磨こうとする
1歳10ヵ月	オシッコをした後で「チッコ」と知らせる
1歳10ヵ月	親に「ワンワン」などを描けとせがむ
2歳 0ヵ月	椅子から飛び降りる
2歳 0ヵ月	ままごとでいろいろなものを作るまねをする
2歳 0ヵ月	服の着脱を自分でしたがる
2歳 2ヵ月	「いただきます」「ごちそうさま」が言える
2歳 2ヵ月	昼と夜が分かる
2歳 4ヵ月	片足ケンケンができる
2歳 4ヵ月	同じ年齢の子と会話ができる
2歳 6ヵ月	はさみで紙を切る
2歳 6ヵ月	オシッコを出る前に知らせる
2歳 8ヵ月	大便を出る前に知らせる
2歳10ヵ月	自分でのりを付け紙を貼る
3歳 0ヵ月	手を汚さないで食事をする
3歳 2ヵ月	赤、青、黄、緑のすべてが正しく分かる

表6　大まかな幼児の発達　乳幼児発達スケール（発達科学研究教育センター）から

慌てて教えなくても良いということにも一理あるのです」

矢野准教授は少し口ごもり、「例として取り上げるのは悪いけれど……」と少し笑いながら話を続けた。

「杉本教授のお孫さんは3歳のとても利発な子なんだ。けどね、遊びに夢中になっているとトイレに行きたくなくて、ずっと我慢してしまう。それで大人に促されるとトイレに行かない理由を10も20もあげた上にお漏《も》らしをしてしまうのですって。杉本教授は、自分が小さい頃も、きっとこんな感じだったんだろう、と憮然《ぶぜん》としておっしゃってましたよ」

「なんだか、目に浮かびます」とミサキも笑ってしまった。

「個人差があるから、焦らなくていいんですよ。それにね、ミサキさんは、江戸時代の赤ちゃんの絵をご覧になったことがありますか？　実はみなお尻が裸のままで、おむつをつけていないんです」

「え？　そんなの困りません？」

「江戸時代までは、日本のお母さんは、赤ちゃんがおしっこやうんちをしたい時がわかったみたいなのです。そうすると、催《もよお》すなと思う度に外で排泄させれば特におむつはいらないでしょう？」

「そんなことできたんですか⁉」

ミサキの驚きをほほえましく見ながら、「本当のところどうだったのかはもちろんよくわからないこともあります。ですが、時代や文明の進歩によって、逆にできなくなることがあるということなのでしょうか」と矢野准教授は締めくくった。

「なるほど。では、今の子達に対して、トイレトレーニングのコツはなんですか?」

「上手くやれた時はしっかり褒めて、失敗に対しては叱らないということです。これはすべての躾《しつけ》に共通していることなのですよ」

「どうしてですか?」

「ほら、失敗した時に叱られるとなると、最初はトイレの度に叱られることになってしまうでしょう? そうすると当然、トイレを嫌がるようになって悪循環になってしまうからです。強調したいのは、個人差があるので子どもに合わせてゆっくりやっていただきたいということです」

「それは、他の身辺自立の課題についてもですか?」

「ええ。ですが、子どもの生活に関しては、もっと切実な問題があるんです。それがなんだかわかりますか?」

睡眠が足りない子ども達

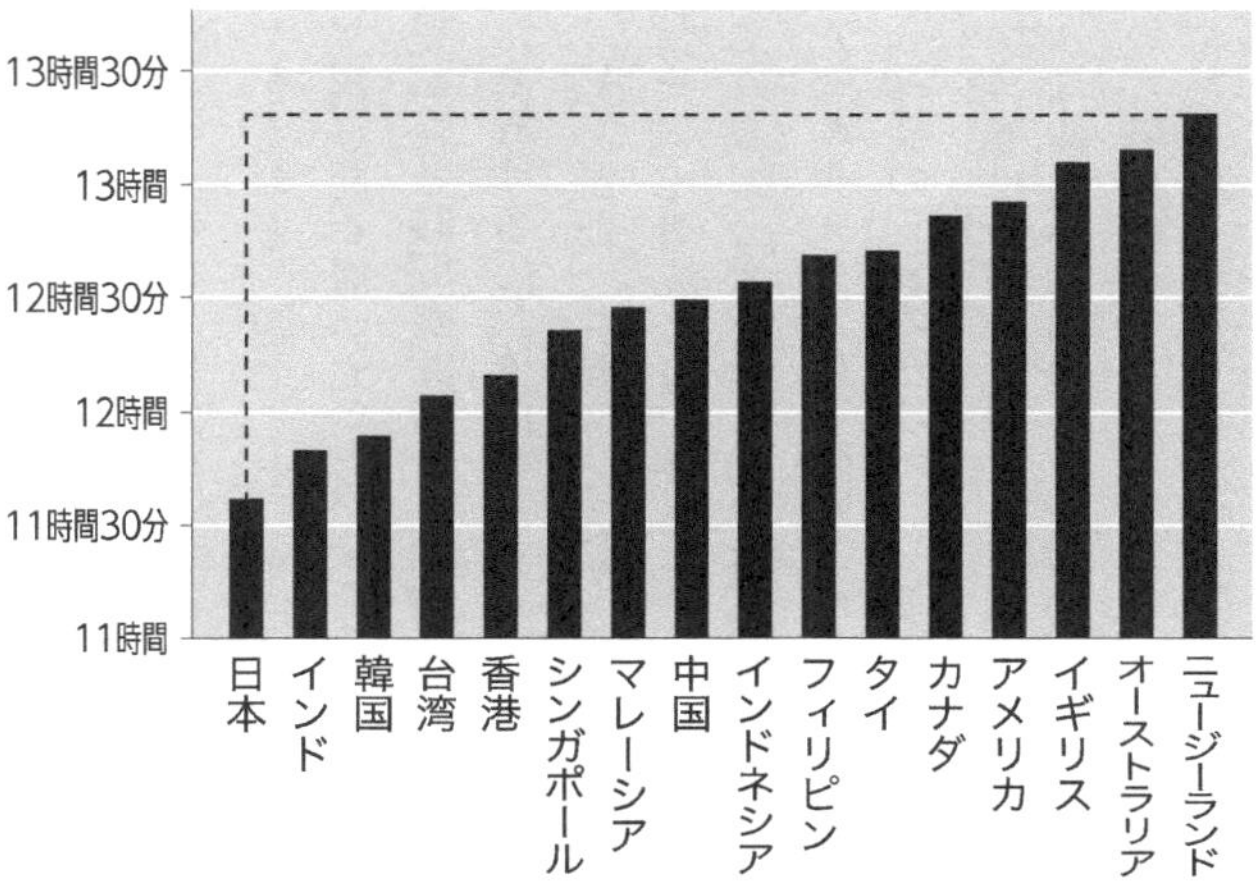

図 12
子供（0～3歳）の合計睡眠時間の国際比較（夜の睡眠時間＋昼寝の時間）
（出典：乳幼児期からの子供の教育支援プロジェクト©東京都教育委員会より改変）

「えっと、スマホとかでしょうか？」

「それも問題かもしれませんが、それは学童期の課題ですね。スマホを与えるか与えないかという、ね。

乳幼児期においてもっと根本的で大きな問題があるんですよ。あのね、睡眠リズムの問題です」

「あー。最近は、赤ちゃんでも夜更かしが増えていると聞きました」

「どうもここ最近の日本は、どの年齢でも睡眠時間が減っているんです。大人も残業で長い時間働いて遅く帰ってくるもんだから、夜型の生活になる人がとても多いですよね。それに子どもが巻き込まれているんです。実際子どもの睡眠時間が減っています（図12）」

「それは、夜型になっても、睡眠時間が長く取れればいいのでしょうか？」

ミサキがそう聞くと、矢野先生はぶんぶんと首を勢いよくふった。

「いえいえ！　人間も生物です。太陽と共に生活するようになっています。睡眠時間が短すぎるのも問題ですが、やはり健康のためには早寝早起きが大切なのです。ところがね、父親が遅く帰ってきて、そこから食事や入浴をして、子どもとも遊んでとなると、幼稚園児が寝る時間が22時とか23時になってしまうんですよ」

「そうすると具体的にはどんな悪影響が出るのでしょうか？」

「短い睡眠で生活するというのは、例えばサバンナとか、危険な中で過ごしている時の状況と同じなんです。だから、子どもにはそれだけで、安心と真逆の生理的な状況が生まれてくるのです。つまり、緊張が切れないから、イライラしやすくなってくる。体の成長のためのホルモンは、睡眠下で分泌されるものなので、眠らない子はその恩恵に与れません。神経の成長のためには、睡眠は欠かせないものなのです」

「発達凸凹がある場合はどうなのでしょうか？」

「なおさら大切ですよ。睡眠リズムをきちんと整えるということは、治療においてもとても大事な課題です」

「けれど、発達凸凹があると、多くの子は緊張がもともと高い状態ですよね？　睡眠がきちんと取れない子の場合はどうしたら良いのでしょうか?」

ミサキは、なかなか寝付けない子どもに手を焼くという話を、母親になった友達からよく聞いていた。

「最初に行うべきは環境調整です。もともと感覚の過敏性があって、俗に言う〝カンが強い子〟の場合、なかなか夜の睡眠が確保できませんし、お母さんも睡眠不足でふらふらになることもありますよね。そういう時には、幼児であっても睡眠を安定させるためのお薬を私は処方しています」

「え、幼い子に睡眠薬を用いるのですか?」

「あまりに大変な場合にはですよ。もちろん一番大切なのは、お父さんも含めて家族全員が協力して、早寝早起きの生活リズムを整えることです。

そういえば、先日教授が怒っていたんです。

言葉の遅れがあると初診にやってきた3歳の子どもがいて、診断したところ自閉症スペクトラムの症状を呈していました。そのお母さんが、やれ言語訓練をやりたいとか、ペクス(絵カード交換式コミュニケーションシステム)をしたいとか言ってきたそうなんです。けれど、生活リズムを確認すると、23時に寝て9時に起きていた。『頭でっかちに知識だけ詰め込んで、基本がなってない親が多くて困ったものだ』と親子が帰った後も、ぷんすか怒ってましたよ」

「その親子も杉本教授相手だと大変でしたね」

ミサキはそう答えながら、本に書いてある目新しい育児法に目がいってしまって、基本がおろそかになってしまうというのは良くないし、初対面のときに教授が言っていたマスコミの責任というのはこういうことなんだな、と思った。

病気にかからせないコツ

考え込んだミサキを少し見つめたあと、矢野准教授は次の話に移った。

「次は、子どもがかかる病気への備えですね。感染症に一通り出会う時期、幼児期にこの問題がとりわけ起こってきます。このトピックには3つの大事なポイントが含まれているので、3つに分けて解説していきましょう。

第1は、子どもが病気になりにくい生活を送ること。

第2に、それでも子どもは一通りの病気にかかるので、それにどう対応するか。

第3に、養育者が病気の時はどうするのか。

この3つです」

「先生、第1の病気になりにくくすることなんてできるんですか?」

「すごく単純なことをすればいいんです。まず、早寝早起きでしょ。そして、きちんと栄養バランスのとれた食事、外でよく体を動かすこと。よく食べてよく寝る子というのは、どちらかというと丸々していて、ニコニコ元気いっぱいです。こういう子は風邪を引いてもすぐに治ってしまうんですよ」

「なるほど。よくわかる気がします」

「ただね、杉本教授に言わせると、この3つの古典的養生訓、睡眠、食事、運動、の他に最近は4番目の新たな項目が必要になったのではないか、と」

「4つ目？　え、なんでしょう？　体罰を避けるとか、叱りすぎないとかでしょうか？」

表7　新しい4つの養生訓

「確かに、それはとても重要なことかもしれませんね。でも、もっと単純な生活環境のことを杉本教授はおっしゃっているんです。答えは、情報制限です（表7）」

「情報制限？　スマホ育児、親がスマホばっかり見ているっていうものですか？」

「いえいえ。スマホ自体が悪いわけじゃないんです。今は、親も子もずっとゲームをしているでしょう？　ゲームをすると興奮しますよね。寝る直前までゲームをして興奮がおさまらないまま寝るとなると、睡眠の質が悪くなることも起こる。テレビやYouTubeなども大情報源ですし、そうしたものが付けっ放しになっていると、心が休まりにくいんです」

「時代の変化、というか……」

「今日も外来で、お父さんお母さんが別々にスマホを見ていて、子どもはゲームをしている。会話もしないでね。こんな親子が最近は普通になっているんですよ」

矢野准教授は珍しく暗い顔をして、深いため息をついた。

「難しい問題ですね。テクノロジーが悪いわけじゃないし。けれど、子どもの病気への備えの第一歩は、ごく基本的な、子どもの健康な生活が必要だということがわかりました」

「身近に小さいお子さんがいる方には、積極的に伝えていただきたいですね」


誰が病気の子どもに寄り添うのか？


「先生、では第2のポイント、子どもが病気になった時の対応について教えていただけますか？」

「ええ、要は、誰が病気の子どもに付き添ってあげられるのか、という問題です。ご両親が共稼ぎで、両方とも急な休みを取りにくい職場にいたら、下手をすれば病気の子どもの受診が遅れるとか、受診できないとか、家で一人ぼっちで寝てなきゃいけない、といったことが起こるのです。近くに子育てを手伝ってくれる人がいない限りはね。

幼児期の子どもは風邪だけでも年に平均して5回くらいはかかるのですよ」

「でも、どうすればいいんでしょう？　私もそうですが、これから子どもを持ちたいと思っている働く女性達は、大変不安に思っていると思いますよ」

「うーん。社会全体が、経済成長優先ではなく、子育て優先というコンセンサスを作るしかない、と私は思います。男女問わず、会社との間に、急な休みが取れるような契約を交わしておくことを普通にするとか。

幼児期にかかる病気の中には、一度かかると、二度とかからない病気も含まれているのはご存じだと思います。おたふく風邪とか水疱瘡《みずぼうそう》とか。それは、子どもの時期にかかるのが望ましくもあるんです。だからこそ、重症化させないためにも、幼い子ども達が守られるシステムでなければいけません」

「これもすぐには解決しない問題ですね」

ミサキは、すぐに仕事を手放せない自分や、実家との関係が良好とは言えない現状を思い出してため息をついた。もし、子どもを持ったら、現状のままではいられないのではないか。

「もっと大問題となるのが、第3に挙げた養育者が病気になった時どうするか、ということです。これも、例によって深刻になるのは、父親ではなく母親の場合です。母親が入院を必要とする病気になった時、すぐに誰かが代わってサポートしなければなりません。また、慢性の病気という問題も深刻です。母親が産後うつからうつ病になって家でずっと寝ているとか。

まとめとしては、いったい誰がお母さんの代わりができるのか、という問題になってくるということです」

「ふー。子育てってどう考えても大変なことばかりですね。私だって、子どもを育てられるか自信がありません」

ミサキは思わず弱音を呟いた。すると矢野准教授はまたオホホホホという独特の上品な笑い方をして、優しくミサキに語りかけた。

「大丈夫ですよ、ミサキさん。悲観的にならなくても。医学の進歩によって、ミサキさんが幼かった頃に比べると、病気そのものの深刻さはすごく軽くなっているんです。

予防接種のおかげで深刻な肺炎になる子などそうそう見かけませんし、前は大変だった喘息《ぜんそく》もほぼ外来で完全に治療ができるようになりました。以前は入院する子もいたんですが。だから安心してください。杉本教授なんかは『最近の小児科医は予防接種と健診しかしていない』なんて得意の悪口を言ってますよ」

「ちょっと安心しました。それでも、病気をめぐる問題は、子育て全体のなかで考えないといけない、ということですね」

「その通りです」

矢野准教授は、にっこりと笑って手元のコーヒーを飲み干した。

躾と体罰

「では、最後に躾と体罰の問題についてお伺いできますか？　一般に体罰は良くないものだ、とは認識されてきたと思うのですが」

「いえいえ、どこからが体罰なのか、実はみな勝手に基準線を設けているんですよ。アザができるほど叩いていても体罰はしていないと言い切る親もちらほら見かけます。

それからね、子ども虐待の影響を見ていくと、『お前を産むんじゃなかった』という否定的な言葉を子どもに向かって言い続けたり、兄弟間で極端な差別をしたりというような心理的虐待、そして必要な世話をしないというネグレクトの方が、どうやら単純な体罰よりもダメージが強いということもわかってきました。もちろん、体罰はいけないことに変わりはないんですが」

●性的虐待	➡後頭葉の萎縮、および脳梁《のうりょう》の萎縮
●暴言被曝	➡側頭葉の肥大
●体罰	➡前頭前野の萎縮
●DV目撃	➡視覚野の萎縮
●複合的虐待	➡海馬の萎縮　など

表8　誤った対応で変化する子どもの脳
（友田、2016）

「体罰よりも悪影響だなんて信じられません」

「叩くというのは、誤ってはいますが、関わり合いの一つでしょう？　子どもはどんな形であっても世話が必要だということなのかな……。もちろん、暴力を受け続けると、脳に明らかなマイナス影響が出てくることもはっきりしてきました」

矢野准教授は、ここで新たな表（表8）をミサキに見せた。

「これは、脳へのマイナスの影響を一覧にしたものです。[16] 杉本教授が尊敬している友田明美先生というトップ研究者による一連の研究なんですが、現状その偉大さがあまりきちんと理解されていないかもしれません。

激しい体罰の脳への影響の研究では、ものすごい膨大な人数の中から、純粋に激しい体罰だけを受けてきた人を絞り込んで調査しています。それで、この友田先生の研究は、体罰だけもそうだし、暴言被曝や、性的虐待などもなるべく純粋な例だけに絞って脳への影響を見たものなのです。

普通は、子ども虐待のあり方が一つだけということは無いでしょう？　例えば、性的虐待とネグレクトはよく一緒に起きてきます。親が子どもに必要な保護をしていなければ、性的な被害に遭いやすくなるからなのですが」

「この研究によって、一体どの振る舞いがどのようにマイナス影響を与えるのかが個別に判明した、ということなんですね」

「よくね、愛情があれば体罰だって良いんだ、なんて議論があるでしょう? 〝愛のムチと虐待とは違うんだ〟とか。

ところが、愛があると判断されるような体罰でも、脳の萎縮《いしゅく》は確実に起きてくる。萎縮するのは、前頭前野《ぜんとうぜんや》という考えることを司るとても大事な箇所です。体罰はどんなものであっても、とても大切なところにマイナスの影響を与えることが、この研究で明らかにされたのですよ」

そう言うと、矢野准教授は少し口ごもった。

「どうしたのですか?」

「言いにくいんですがね。かつて体罰指導が当たり前だった体育会系の人の中に、すごく単純な考えしかできない人がいるのは、その影響だと杉本教授が言ってるんです。私が言

16　友田明美(2016):被虐待者の脳科学研究。児童青年精神医学とその近接領域、57(5)、719-729。

ってるんじゃないですよ」

決まりが悪そうな姿を見て、ミサキは苦笑してしまった。

「よくわかりました。では、先生、複合的に虐待を受けた場合にはどうなるのでしょうか？」

「海馬《かいば》という記憶の中枢での萎縮が明らかになってきました」

「体罰や虐待は本当によくないんだ……。では、子育てする際の躾は、どういうことに気をつければ良いのでしょうか？」

子どもの褒め方

「できるだけ、褒め伸ばしをすることがすすめられています」

「叱らない、ということですね？」

「いえいえ！　子どもを叱らないなんて不可能ですよ。ただし、叱る回数と褒める回数を比較した時に、褒める方を多くなるようにすることがポイントです。そして、もう一つのポイントは、子どものやる気が出るように褒め方の工夫をすること。

例えばで挙げると……ミサキさんは、トークン・エコノミーという言葉を聞いたことがありますか？」

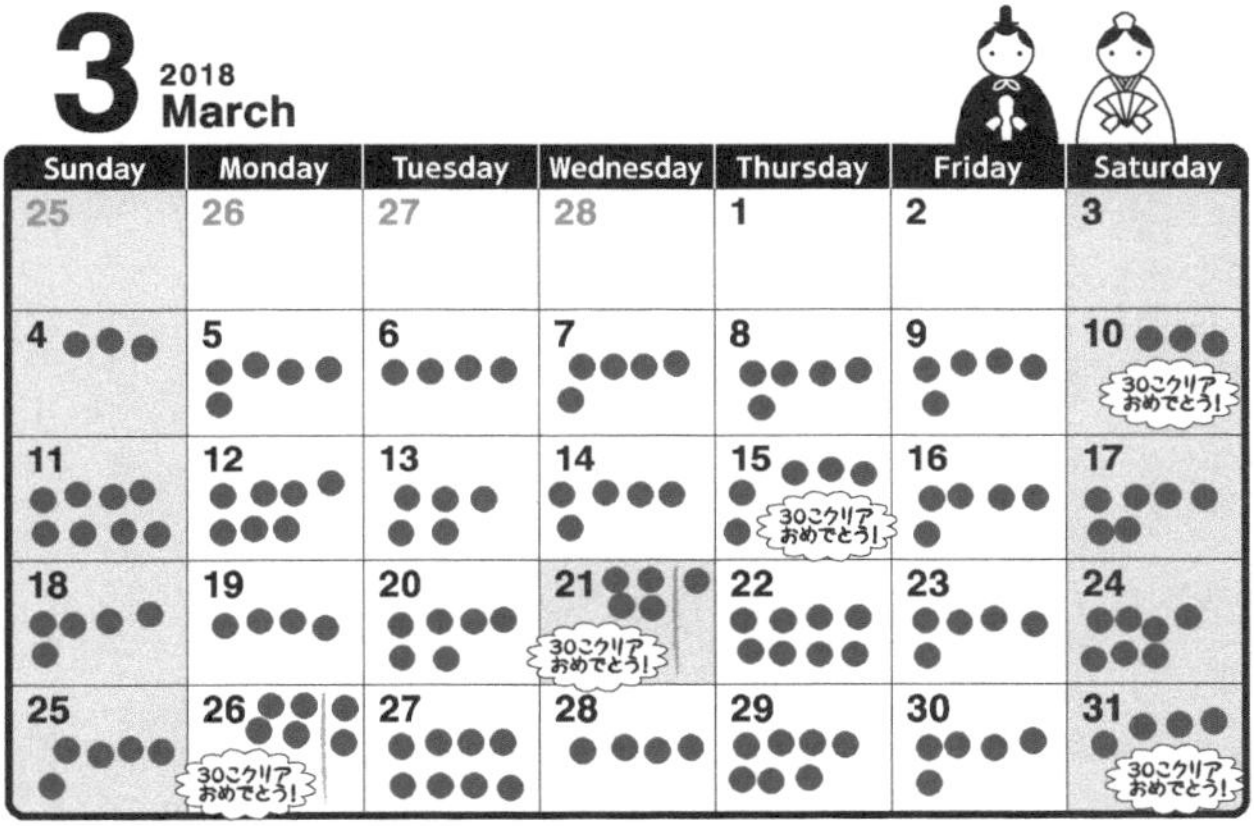

図13　トークン・エコノミー

「ないです」

「子どもがした良い行動にクーポン券をあげていくというやり方のことです。これを見てください」

ミサキの前にカレンダー（図13）が出てきた。

「説明しましょう。まず、食事をする部屋に白い紙やカレンダーを貼っておいて、例えば、朝起きたらトイレに行ってすぐに着替えるという課題ができたら、そこにシールをペタッと貼っていくんですね。そして、あらかじめ約束した枚数にシールが達したら、何かプレミアをあげるのです。簡単でしょう？」

「これは取り入れやすいですね！　子どもにこれをする上で何か注意点はありますか？」

「いくつかあります。第1に減点は絶対にしないことです。つまり、できなかったからといって、貼ったシールを剝《は》がしてはいけません。

第2に、最初はできるだけプレミアを小出しにすること。シール1枚につき1つのご褒《ほう》美《び》から始めても良いんです。定着してきたら、5枚とか10枚とかためていくにしたがって、大きなご褒美にしていく」

「ご褒美はどんなものが良いんでしょうか？」

「すぐに消えるような小さなものが良いですね。例えば、自転車を買ってあげるといった大きなものはダメです。毎回毎回、自転車1台2台というわけにはいかないでしょう？（笑）そんなものより、チョコ1個とかね」

「なるほどなるほど」

「物じゃなくても良いですよ。シールが5枚たまったら、お母さんがぎゅっと抱きしめてくれるというのでも良いし、寝る時にいつも弟が両親の間で寝てるのなら、シールがたまったらお兄ちゃんが弟と場所を代わるとか。そんなご褒美でも良いのです」

「子どもが喜んでくれればそれで良いんですね」

この褒め方は、とても良さそうだ。

ミサキはそろそろタイムアップかな、と思って時計に目を向けると、矢野准教授はそのそぶりに気がついたのか、「では、今日はこの辺りで終わりましょう。次回は、年齢を上げて小学生の子育てについてです。これは、杉本教授がぜひやりたいと張り切ってらっしゃるので、ね」と微笑みながら、ミサキに告げた。

ミサキのまとめメモ

○乳幼児期においては褒め伸ばしが大切

○言葉の発達

→話し言葉のみの遅れはそれほど心配しなくてよい。

→コミュニケーションの基盤となるものを毎日の日常の中で大切に育てていくことが大事。

○身辺自立の課題（トイレ、食事、身支度等）

→上手くやれた時はしっかり褒めて、失敗に対しては叱らない。

○睡眠リズムの問題

→短い睡眠で生活すると、緊張が切れずイライラしやすくなってくるため、安心と真逆の生理的状況に。

→お父さんも含めて家族全員が協力して、早寝早起きの生活リズムを整えること。

○子どもの病気への備え

→子どもが病気になりにくい生活を送る：睡眠、食事、運動、情報制限。

→どう対応するか、誰がサポートするか→社会全体が、経済成長優先ではなく、子育て優先というコンセンサスを作る。

○躾と体罰の問題

→愛があると判断されるような体罰でも、脳の萎縮は確実に起きる。

→複合的な虐待を受けた場合は、海馬という記憶の中枢の萎縮が起きる。

第7章　小学生時期の子育て

学童期の発達

久しぶりの杉本研究室だったが、いつもと変わらない不機嫌な顔で教授に出迎えられた。

「小学生がテーマということ、すなわちそれは学校生活を意味するといっていい」

「えーっと、では〝学校生活〟を豊かにする子育てのコツはどういうものなんでしょうか？」

ソファに座るやいなや、教授がいきなり話を始めたので面食らいながら、ミサキは今日のテーマを読み上げた。

「また、君の好きな〝コツ〟か。君もだいぶ学んだと思っていたが、まだまだマスコミに毒されてるな！」

ふんっと教授の鼻息が鳴るのを聞いてげんなりしたが、「〝子どもの発達と学校〟との関係をお聞きしたいのです」と気にせず質問する。

「おお、当てずっぽうと思うが、小学生という時代を考えるためには、まさに背後にある〝発達〟についてまず押さえる必要がある。この表（表9）にわかりやすくまとめたから見てくれ」

「お、これは分かりやすいですね！　さすが先生！」

「そうだろう、院生が先生の説明はわかりにくいからとまとめてくれたんだ。ん？　なん

- 体型の変化
- 免疫系の向上、幼児期に一通りの疾患に出会う
- 行動の変化
  コミュニケーションの向上、着席が可能に
- 社会的ルールの理解
- 神経系の変化
  マクロ……ルリアの第３ブロック（前頭葉）の発達
  ミクロ……神経繊維の剪定《せんてい》、神経軸索《じくさく》がミエリンで覆われる

表９　学童期の子どもの変化

だか君は不服そうだが、説明を始めるぞ。

まず学童期とは一般に、６歳から12歳ごろまでのことだ。

この時期になると、体型が幼児から学童型へ変化する。つまり丸みを帯びた体型から手足が伸びて細長な体型へと変わり、それに併せて顔も細長くなり、赤ちゃんの面影《おもかげ》が抜けてくる。

そして、この体つきの変化にあわせて、行動にも落ち着きが出てくる。数分間じっとできずモジモジと動いていた幼児でも、着席して人の話をじっと聞くことができるようになる。また、大人の指示や禁止にも従いやすくなるんだ。

言葉の話は前回聞いたと思うが、5〜6歳において、母国語の文法的な習得はほぼ終え、言語的なコミュニケーション能力が整ってくる。言葉によって理屈を理解し、言葉によって説得することも可能となる。数の

概念や、質量不変の法則など、物事の基本的な性質も理解できてくる。基本的生活習慣の自立や、身の回りを清潔に保つ習慣の躾も一通り完成することで、子どもは社会的ルールがわかるようになるんだよ。

それから、すでに一通りの病気を経験して免疫が出来上がっているから、6歳頃になると病気を繰り返すことは著しく減る。ことあるごとに熱を出したり、喘息発作を起こしていたりした子もそうなるから、母親は丈夫になったと喜ぶね。

だから、この時期から集団教育が可能になると言われて、世界の多くの国でこの年齢において学校教育が開始されている」

杉本教授は調子よく児童の発達段階を説明していたが、パッとミサキの方を見て、「ところで、最近小学校の参観をしたことはあるかね?」と尋ねた。

「いいえ……どうしてですか?」

「子育ての本を出すなら、一度現場を見ておくと良いんだが。今の小学生は、着席すらできない子がすごく多いんだ。小学校低学年など、30人前後のクラスで、だいたい4~5人がいつも喋りながら立ち歩いている光景が普通になっている。もちろん授業中のことだ」

おっと、これはまた教授の脱線かと思ったが、ミサキがたしなめる前に「いや、先にもっと大事なことを話しておこう」と教授本人が話題を変えた。

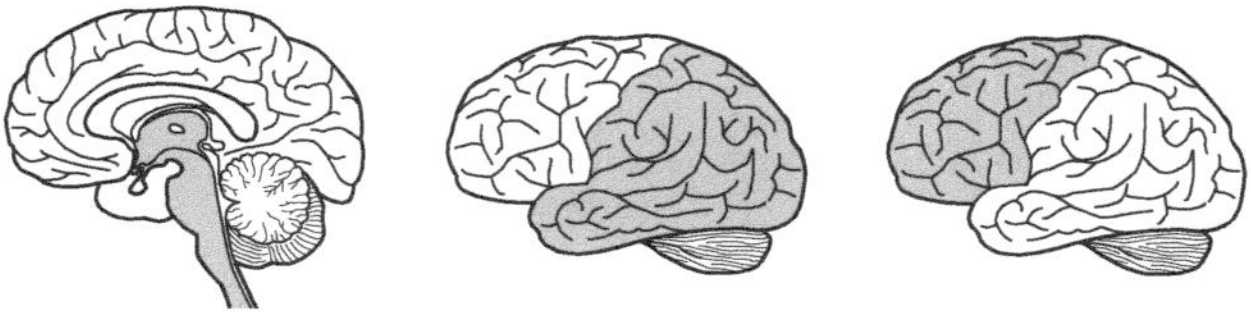

第1ブロック
脳の緊張を維持し、脳の活動状態を保つ領域で、大脳皮質へのエネルギー供給をしている。

第2ブロック
外部から入力された情報を受容し、記号化し、貯蔵する役割、情報の分析と統合を担っている。

第3ブロック
行動の調節、行動の計画など、心的活動を含むプランニングや行動のコントロールを担っている。

図14　ルリアの脳区分

脳は学童期にどう変化するか？

「人間のすべての行動の背後にあるのは、中枢神経系、つまり脳の変化だ。

ルリアという名前を知ってるか？……ま、君は当然知らないだろうな。ルリアとはロシアの神経学者で、脳がそれぞれの部位で分業していることを豊富な臨床調査で明らかにした。彼は、第二次世界大戦で脳に傷を受けた兵士を調べたんだが、傷の部位と神経に表れた症状を丹念に突き合わせて、脳の分業メカニズムである神経心理学を打ち立てたんだ。

ルリアによる脳の区分を示すとこの図になる（図14）。

脳を機能的に分けると、生命中枢《ちゅうすう》である脳幹《のうかん》を中心とする第1ブロック。大脳の中心溝から後方の知覚入力の処理を行う所を含める第2ブロック。中心溝から前方の部位の第3ブロックとなる。前頭葉を中心とする第3ブロックは、脳全体をコントロールしている」

「なんだか、生物の授業みたいです。中枢というのは大事な場所っていう意味ですよね」

「そうだ。で、ここからが本題なのだが、5〜6歳から大脳の新皮質《しんぴしつ》(表面の新しい組織。合理的で分析的な思考や、言語機能をつかさどる)が活発に動くようになり、特に前頭葉の機能が高まる。前頭葉は、旧皮質(脳の深い部分)を抑制する機能をもつ。つまり、旧皮質がつかさどる食欲や性欲といった本能とか情動のコントロールができてくるんだ。また前頭葉は、人の意思や創造性、推論などの機能をつかさどるから、この年齢から、精神活動が行われる準備が整ってくるとされている」

「だから、学校教育を始めるのに適した時期なのですね」

「その通りなんだが……先ほど少し触れたように、最近はこの標準の発達が、本当に合っているのかと首を傾げるようなことばかり目にしている。その話をしたいのだが、その前にもう一つ、神経の発達についても説明しておこう」

5歳で脳の神経細胞はほぼ完成する

「神経と神経は、シナプスというもので繋がれているのは知っているかい? 神経細胞から伸びた樹状《じゆじょう》突起と、別の神経細胞とが隙間《すきま》を介して繋がっていて、この隙間に神経伝達物質と呼ばれる化学物質が出て、神経細胞同士は情報を伝達するわけだ」

「シナプスって記憶を繋げているんですよね？」

「それは、正確な表現ではないな。記憶や学習に重要な役割を持つのは確かだが。樹状突起、これが〝シナプス〟と呼ばれている。ちょっと難しいと思うが、辛抱して話を聞いてくれたまえ。

生後間もなくは、神経細胞の数そのものはすでに備わっているが、シナプスの形成はまだ十分にはなされていない。生後の最初の2年間あまりで、神経細胞はお互いに突起を伸ばし、猛烈な勢いで神経細胞が相互に繋がった網の目のようなネットワークを作る。このネットワークは、5歳頃までの間にできあがってしまうんだ」

「えーっと、つまりどういうことが起きるんですか？」

「幼児期の脳は、一つの神経細胞がダメージを受けたり、ある経路《けいろ》に支障が生じても、ネットの密度が高く、他の神経細胞からバイパスがすぐに作られるんだ。このような脳の構造はダメージに強いだろう？」

「ああ、だから、早期の療育に大きな効果があることになるのですね」

「その通りだが、一方で、一つの刺激が周囲の不特定の神経細胞に伝わりやすくなる。ゆえに不必要でも全体的興奮を引き起こしやすい。幼児期において熱性けいれんが生じやすいだろう。幼児期の脳は、刺激が漏れやすいといったらいいのかな」

「なるほど、わかりました。では小学生になるとどうなるのですか？」

学童期からの脳神経の変化

「シナプスの数というのは5歳前後をピークに、それ以後はむしろ減少に転じる。それも、これまでよく使われていたシナプスの経路はそのまま残り、使用されなかったシナプスの経路が消滅していくことが確かめられている。

しかもただ減るのではない。神経細胞から伸びた神経軸索は、ミエリンと呼ばれる類脂《るいし》肪《ぼう》のさやで覆われるようになっていくんだ。神経軸索は周囲から絶縁されることになるから、興奮や刺激が周囲に簡単には漏れなくなる。そしてミエリンに覆われることで、神経の伝達速度は飛躍的に増すんだな。不必要な連結の減少と、ミエリンの進行を、神経繊維の剪定と呼んでいる。ほら、木の枝の剪定に似ているだろう？　これが5歳から10歳前後の小学校低～中学年の時に進む（図15）」

「10歳というと4年生ですね」

「そう、学童期の脳の変化は、まずは10歳に向かって進行していく。

無関係に思えるかもしれないが、幼児期に当たり前のように見られた夜のお漏らしや、指を吸うことなども脳の成熟に伴って同じように減っていく。例えば、夜尿の子どもの割合は3歳から5年で3分の1になり、さらに次の8歳からの5年で3分の1になる」

「なるほど、神経の発達という脳の基盤変化が、学童期においてもとても重要なんですね」

子育てにおいては、単にどんな教育法がいいかとかの前に、脳の発達というような基本的なことから考えなければいけないんだ……ミサキは考え込んだ。

「僕に、やっと感心したか。

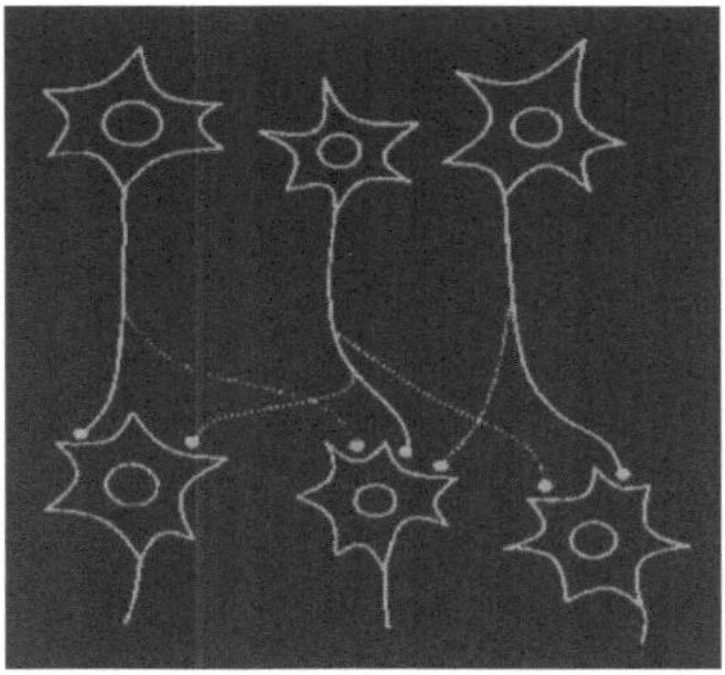

図15　神経繊維の剪定（使われない経路が消えてゆく）。（阿部、1999）

集団行動の向上、落ち着きの向上、身辺自立の完成、言語コミュニケーションの向上、ルールの理解……。学童期の脳にはそうした準備ができるわけだな。そして、家族との交流が中心であった状況から、次第に家庭外の友人との交流が活発になっていく。子どもが子ども同士で動き始めるわけだ。こうした発達によって、学校教育がスタートする。

だが、もしこれが未熟な状況であれば、学校教育のような集団教育には支障が生じてしまうんだ」

ここで教授は口ごもってしまった。眉間《みけん》にシワが寄っているのを見て、ミサキは「最近の学校の様子が変わってきているんですね？」と言葉を促した。

学級崩壊

「自分は外来で極端な話を聞いているので、普通というものがわからなくなっているのかもしれないが……。今回の冒頭で、授業中に立ち歩きをしている子がいるという話をしただろう？」

「はい。確か30人学級での授業中、席に座ってられない子が4〜5人と」

「普通は年齢が上がると落ち着いてそういうことはなくなっていくと思うだろう？　ところが、そうした子は、年齢が上がっていくに従って、よりできなくなってくるんだなぁ。教室内を歩くだけじゃなくて、勝手に教室を出てしまうようになったりね。その子を止めようとすると大暴れして授業どころでなくなってしまうから、先生もほうっておくんだ」

「現場は、そんなことになっているんですか⁉」

「君が驚くのも無理はないが、嘘じゃないさ。基礎的な学力を身につけられないのは良くないが、懸念はもうそのレベルではないんだ。

先日、外来に来ているＡＳＤの男の子から聞いた話なんだが、小学校３年のお別れ会で何をするかを30人に満たないクラスで話し合っていたそうだ。すると、どうしても意見を変えない子がいて対立し、最後は血まみれの大乱闘となって先生がその子を羽交《はが》い締《じ》めにして教室の外に出したことがあったんだと。ＡＳＤの男の子が自分もＡＳＤなのに、〝本当に社会性がない子ばかりで迷惑だし、問題を起こした子も杉本先生に診てもらいにくるべきだ〟と極めて冷静に話していたよ。彼の学校では、先生がトランシーバーをつけていて、何か騒ぎが起こると他の先生達もすぐ駆けつけられるようになっていると言うんだな」

「どこの学校でもそんな感じなんですか？」

「僕が発達凸凹が重い子達を診ているから、そうした事例ばかり知っている可能性もあるが、他からも、授業に参加できない子達の相談をたくさん受けている。まぁどこも似たり寄ったりだ。

この前は、小４の男の子がクラスの女の子達に暴力を振るうことが問題になって、僕の外来を受診しにきた。ところが状況が良くならず、父兄が入れ替わりに教室にいるようにしたら、思いがけないことがわかったんだ。被害児と思われていた女の子達の方が、僕の外来に来ている男の子や他の男児達に、先生の見ていないところで挑発を繰り返していたんだよ。我慢が苦手な男の子をけしかけて、授業妨害をさせていたんだ」

ミサキは絶句してしまったが、教授は気にせず話を続ける。

「こんな例はいくらでもある。

不登校もどうも最近増えているようなんだ。小学校3年生のASDの男の子なんだが、小学校1年生から先生の指示が聞けなかった。そして、2年生になると、学校を休み出した。今は学校には行くが、先生の顔を見てすぐ帰ってしまう。家ではゲームばかりやっている。それで、入院治療をすすめたんだが、親は成長すれば大丈夫だろうと、全く取り合わない。

他の例では、中学2年生が学習についていけないと不登校になって外来に来たのだが、実は小学校から算数がダメだったと言う。それで確認をしてみたら、なんと5から10の数字の意味が分かっていなかった。つまり小学校1年生から完全につまずいていた訳だ。小学校の教師達はプロなんだから、子ども達がどこでつまずいているかわかっている。だが、それを口にしないで、問題を先送りにしてきたんだよ。

さらに別の子は……」

話が止まらなくなった教授に「今の学校は一体何が問題なんですか？」とミサキは割りこんだ。

学校というものの問題点

「一つは発達の凸凹を持つ子が昔よりもはるかに多いということがある。その理由は、これまで話してきたように、社会的状況の急激な変化や出産年齢の高齢化といった生物的な要因など複合的なものだ。

そもそも、通常クラスというのは、教師の言うことを聞くという構えというか、学校の枠、ルールを受け入れないと成立しない。ここが今危うくなっているんだ。

では今から、僕が、4月から小学校に入学する予定の年長の子にしている指導デモンストレーションを君に見せよう」

「あ、はい」

「ミサキ君は、4月から学校です。学校に行った時に一番大切なのはなんでしょうか？」

「え、なんでしょう？」

「じゃあ例えを出しますね。山登りのリーダーは誰でしょう？　それはチームのキャプテンですね。もし、みんながキャプテンの言うことを聞かなかったらどうなるでしょう？　そう、遭難して山を下りられません。それと同じで、学校のリーダーは担任の先生なんです」

「なるほど。こうして、先生の指示を聞かなきゃいけないことを説明するんですね」

「そうだ。だがね、今の学校制度において、一番大きな問題は、子ども達の学力に合わせて、適切なクラス選択ができないということにある。親は通常クラスに入れたがるだろう？」

「それは当たり前ではないですか?」

「ふん。ミサキ君、自分が理解も参加もできない授業に45分じっと座っている子ども側の苦痛を想像してごらんよ。実は不登校の原因も、対人関係のことよりも、学力と教育のミスマッチが一番多いんだ」

珍しく真面目な顔をキープしたまま教授がミサキに語りかける。

「日本の公立小学校には、通常クラスと支援クラスがある。親は、通常クラスでダメだったらその時に支援クラスをと言うし、教師もそれを勧める。だが、僕はこのアイデアは良くないと思う。

なぜなら通常クラスで上手くいかなければ、子どもに強い挫折《ざせつ》を体験させることになるからだ。そして、努力しても成果が挙がらないという体験を繰り返すと、子ども達は頑張ろうという意欲そのものさえ失ってしまう。

さらに親から『勉強をしなければ支援クラスに行くことになるぞ』というような言い方をされているうちに、ハンディキャップを持った本人が、ハンディキャップを持つことに対して偏見を持つようになる。となると、本人自身が『支援クラスに行くくらいなら死ぬ』とか、『支援クラスのバカと俺が同じだと言うのか?』というような言葉を高学年になると平気で口にするようになるんだ。凸凹を抱えて学習に困難さを抱えているのにだよ。僕は診察でこんな子達を嫌というほど見てきた」

思い出し怒りをしているのか、教授の顔は真っ赤になってしまった。

ミサキは少し落ち着かせようと穏やかな声で「では、学力などに疑念《ぎねん》があれば、最初から支援クラスに入れた方がいいと？」と聞いた。

支援クラスと通常クラス

「特別支援学校で教室が足りないということが大きな問題なんだ。が、希望者を年齢別に分けると、小学校ではそういう問題は少なくて、中等部でやや増え、高等部で希望者が殺到して入りきれなくなっている。

これってきちんと教育が行われていたら、普通は逆になるはずだろう？」

「えーと？」少し考えたが、ミサキにはその意味がわからなかった。

「なぜなら、知的に高いＡＳＤの子ども達は、通常10歳頃になると他の人達が何を考えているのかがわかるようになってきて、社会的なコミュニケーションも自然と向上する。すると個別の対応が必要な子も減ってくる。支援は小学校の時期でまかなえるはずなんだ。本人に合わせた教育をすれば、知能指数は上がってくるしね。

実際、僕が長く見てきたＡＳＤの子達だと、小学校は支援クラスでスタートして、高学年や中学生から通常クラスに変わっていった子はとても多いんだよ。

ところが特にS県ではね、最近まで拠点校《きよてんこう》方式といって、どの学校にも支援クラスを置くのではなく、地域の数校の中で1校だけ支援クラスを置くというやり方を取っていた。支援クラスの専門性を高めるためにという大義名分だが、このやり方は問題なんだ」

「なぜですか?」

「君は相変わらず察しが悪いな」

久しぶりに聞いた教授の嫌味に、ミサキはムッとした。が、取り合っていたら話が脱線すると思い、黙って聞くことにした。

「支援クラスへの移籍が、多くの子にとっては転校になってしまうからだよ。小学校の途中で、勉強ができないから転校するということを、親も子も受け入れられるだろうか?

小学校低学年では授業に参加できなくても、ぼーっとしているだけだ。ところが高学年になると、積極的に授業妨害するようになる。すると学校側からこの子はADHDではないかと紹介されて僕のところにくる。小学校4年で始まる発達凸凹など存在しない。〝S県型ADHD〟と診断を返してる。

S県は何年か前に、全国共通学力調査の国語Aかなんかで、全国最下位を取って大騒ぎになった。学者肌の知事が教師の質が悪いからだと決めつけ、教育委員会と不毛なバトルになったほどだ。しかしながら、おそらく真相はこうだ。

本来なら支援クラスにいた方がいい、極端に低い点数を出す子が通常クラスの中に何人かいる。そうすると平均点が下がる。この騒動のあと、最下位からすぐに脱したが、実は〝特定の子を欠席させたんじゃないか〟などと勘ぐってしまったよ」

これは本には書けない。

「先生、こんなこと言っちゃっていいんですか？」とミサキは思わず教授に聞き返した。

「僕はこの拠点校方式はまずいと県の講演や会議でわーわー言っていたんだな。そしたら、最近になってすでにこの方式をやめたと聞いて、唖然《あぜん》としたよ」

「先生の主張が通ってよかったじゃないですか」

「いつの間にか消えていたんだ。取りやめるなら取りやめるで、きちんと総括しなくてはまずいだろ。何年もこの方式をとって、子ども達に迷惑をかけたんだから。

その後、支援クラスがどんどん増えてきていることは良いんだが、今度は、支援クラスの先生の質が問題になっている。予想通り、といえばそうなんだが、通常クラスで担任ができないということで支援クラスの担任に移ったりすることがあるんだ。通常クラスの担任ができないレベルで、ＡＳＤや愛着障害の子ども達にきちんと対応できると思うかね」

これは問題の根が深そうだ。

「解決策はないんですか？」

「ミサキ君、ほかの先進国と、日本の特別支援教育とではものすごく大きな違いがあるんだが、知っているか？」

ミサキの質問に、教授も質問で返してきた。

「あちらでは専門性がもっと高い先生が担任になっているとかでしょうか？」

「それもある。日本では、通常校の支援クラスは特別支援教育の免許（特免）を持っていなくても担当できることになっている。さらに特別支援学校ですら、特免を持っていない教師が教育に携わっている例がある。しかし多くの先進国は、通常の教員免許を取得した上で、大学院を出てはじめて特別支援教育の免許が取れる制度となっており、専門の教育を受けた者以外が特別支援教育に携わることはないんだ。

けれど、最も大きな違いは、知的に高い子への支援なんだ。例えばアメリカではギフテッドのための特別支援教育がある」

ギフテッド＝知的に高い子どもの育て方

「ギフテッドって、知的に高い子のことですよね。どうしてそういう子に特別支援教育が必要になるんですか？」

「一つは、知的に高い子は、通常のカリキュラムだと退屈してしまうからだ。もともとアメリカは才能児の教育にすごく熱心な国だ。できる子は飛び級でどんどん学ばせて、その才能を発揮できるシステムになっている。アメリカで特別支援教育を受けている子どもで一番多いのは学習障害の子どもだが、2番目に多いのはこのギフテッドなんだよ。

一方日本では、特別に知的に高い子もみなと一緒にゆっくり学ばなきゃいかん。それだけならまだいいが、あまりに賢すぎる子は、子どもらしくないとか言われて、目の敵にされて教師からいじめられるというトラブルがよく起きるんだ。

ひどいだろう？

だが、この問題の背景には、別の要素もあることが最近はっきりしてきた。2Eという言葉を知っているかい？」

「いいえ、初耳です」

「二重に例外的な子どもという意味だ。何が二重なのかというと、才能児の場合、能力の非常に高い面を持つのと同時に、低い面も持っている子が多い。これが2Eなんだ（表10）。

児童精神科医から見ると、実はこのような子の大多数は、ASDなんだな」

- 2E：Twice exceptional children＝二重に例外的な子ども達
- 能力の高い嶺と低い谷の両方を一緒に持っている
- 例えば、とても高いIQを持っているのに、書字が極端に苦手など

表10　2Eとは

「はー、知的レベルが高い一方で、社会的な苦手さも抱えているわけですね。そうすると確かに、伸ばすところと埋めるところの両方の特別な支援が必要になりますね」

「こうしたギフテッドの才能を伸ばしていくことは、国家的にはとても大事なことだ。実はアスペルガー症候群をもっていたと言われているビル・ゲイツがどのくらいアメリカに利益をもたらしたのか、考えてみたらいい。

でも、それ以上に、ギフテッドの特別支援教育が日本にも入ってきてほしい理由がある」

「それは何ですか?」

「特別支援教育のイメージが変わるのではないか、ということなんだ。

特別支援教育が通常教育より下のもののように受け止められている今の状況が一変するのではないかと思うんだ。当事者である子どもの偏見もなくなるんじゃないかとね」

「たしかに、これは大事なことですね。それにしても、私が思っていたよりも、先生は教育や学校のことにお詳しくて熱心ですね」

そうミサキが言うと、杉本教授は少し黙った後で、「実は僕は何年か教員養成系の大学、つまり教育大学だね。で、働いていた時期があるんだ。ミサキ君は、学校というシステムをどう考えている?」と尋ねた。

「学校」はよいシステムなのか？

「日本の学校にはいろいろと批判が多いことは知っています。でも、私自身は割と楽しかったというか」

ミサキは、教授は学校というシステムに懐疑的《かいぎてき》なんだな、と思いながら慎重に答えた。

「日本の非行の発生率は、これまでいわゆる先進国の数分の1以下ととても低いものだった。このことからも、日本の学校がよく機能していることは明らかだ。日本の学校は、国の制度の中でも、これまで最もよく機能してきたものの一つだと今でも僕は考えている。学校は子どもの幸福のためにある機関だ。この信頼は、決して揺らいではいない。

でもね、最近になって、学校の制度疲労がたまってしまったが故の問題をあまりにも多く目にするようになったんだ。

特別支援教育のスタートで、一人一人に合わせた教育がスタートしたはずなんだが、うまく機能しないどころか、悪化しているようにしか見えない。なにせ、今に至っても学校は、みなで同じことをするということに固執しているんだから。みんな一緒に同じことを学んでいくという全体主義から抜け出せないんだよ」

「たしかに、みんなそろってできるようになる、ということを日本の学校教育は重視している感じはします」

「そうそう、先日インドの小学校で、日本式の運動会をやってみたというニュースが流れていたんだが、それで印象的だったのは、インドでは〝大縄跳び〟がどのクラスでも一回も跳べなかったんだ」

「え、一回も？　本当に？　ひどいなぁ」

驚いたミサキは、敬語も忘れて尋ねた。

「それを君は〝ひどい〟と思うのかね？　どのクラスも何回も跳べてしまう日本の小学生の方がおかしいとは思わないか？　少なくとも、世界水準ではインドの方が普通だろう。良し悪しは別として、日本の学校教

図16　日本の学校で行われている大縄跳び

育というのはそれほど例外的なんだ（図16）」

「そういう風に考えたことは無かったです。では、特別支援教育の拡大以外に、何か日本の学校のシステムを良くする解決策はないのでしょうか？」

ミサキにそう質問された教授は、大きな目をさらに見開いて「実はあるんだ」と答えた。

「ほら、小中一貫校とか、中高一貫校の試みがあるだろう。でもあれはダメだ」

「え、良いことだと思っていました」

「違う。なぜなら、個々に合わせた教育システムにならないからだ。結局、今の学校教育の指導のあり方を変えずに、単にまとめただけだよ。

今の問題は、個別に対応しなければならない子が増えていることだろう？　そうするとね、幼稚園の拡大が解決策になるのではないか、と思う。

幼稚園6年制だ」

幼稚園6年制のメリット

「幼稚園6年制？　これまた突飛ですが……。どうして解決策になるんでしょう？」

「小学校が始まる6歳では、発達凸凹を抱えた子ども達にとって、集団教育が無理だからだ。脳の神経の発達段階を思い出してほしい。ほら、10歳を目標に神経繊維の剪定が進むと説明しただろう？　10歳前後で、凸凹を抱えた子ども達も集団教育への参加に無理がなくなってくる。ＡＳＤの子達は、他の人が考えていることもわかってくるし、ＡＤＨＤの子ども達は多動が治まってくる。それから、極端な不器用さも減ってくる。

逆に、今の学習カリキュラムは小学校中学年で大きく飛躍する。となると、これまでのやり方だとここでハードルに引っかかってしまうわけだ。自立に必要な最低限の学力は、大体小学校中学年までと言われている。だからこそ、高学年に入る前の時期には、子ども

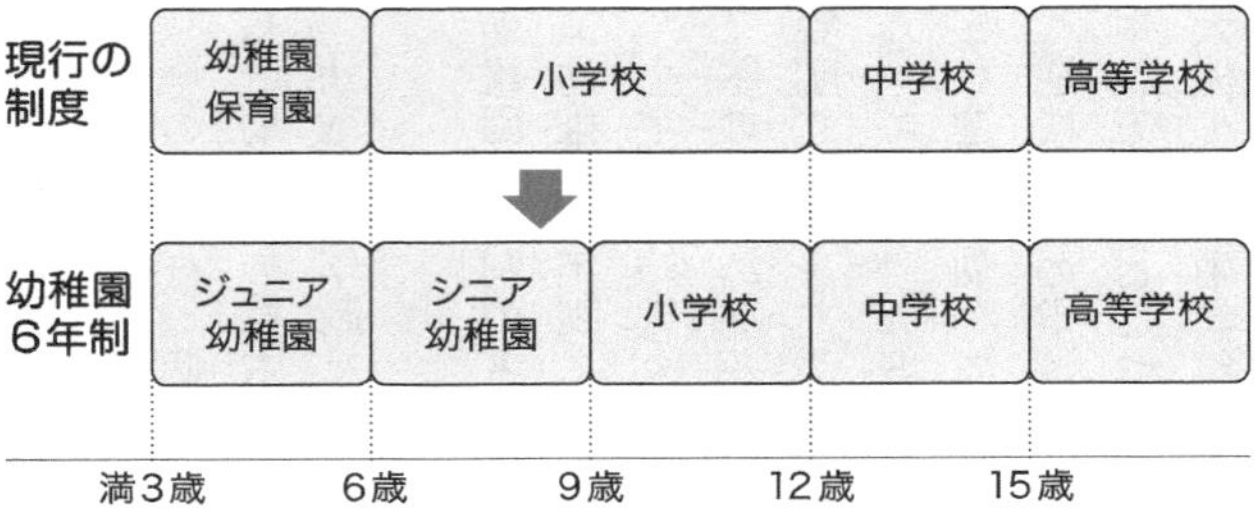

図17　幼稚園6年制

に合わせて全部個別に対応可能なシステムできちんと教育することが、成果を出す近道だと思うんだ」

「それと、幼稚園6年制というのは？」

「いやだからね、3歳から3年間がジュニア幼稚園。6歳からの3年間をシニア幼稚園にする。そして、ここまで、9歳までは全部の子どもをできるだけ個別に対応するようにするんだ。

　9歳になっていれば、本人の凸凹の特色もはっきりするし、その上で発達によって改善するものは改善してしまうし、個別の対応が引き続き必要な子と、集団教育体制でもできる子とがはっきりさせやすい。

　その後、9歳から小学校にして、ここで集団教育を開始する。もちろん飛び級も落第も認めるんだ。この形式なら、小学校3年間に中学校3年間を合わせて6年制にしてもい（図17）」

「はー、壮大なプランですね。けれど、実現するのはすごく大変そうです」

「あのね、個別対応が必要な子ども達は、これから増えることはあっても、減ることはないんだよ。

むしろこれまでの日本の学校は子ども達に無理を重ねさせてきたと言っていい。無理をやめるべきなんだ。

僕はね……子ども達に楽しい、充実した学校時代を過ごしてほしいと切に願っている。幸福な子ども時代の記憶は、間違いなく一生の宝物になると思う。だからこそ、学校が楽しくないと、子ども達が幸福に暮らすことなんてとても無理だ」

ミサキと杉本教授は顔を見合わせたまま、黙り込んでしまった。と、教授はおもむろに立ち上がって研究室の窓を開けた。雑然とした研究室を、一陣の風が通り抜けていく。

「さて、学童期に関してはもっと話をしたいのだが、今日はこのくらいにしよう」

「わかりました。次回で最後の予定ですが、次回のテーマはどうしましょうか？」

「ふむ。社会的養護という言葉を知っているかね」

「家庭的に恵まれない子を、親に代わって施設や里親が育てることですね」

「その通りだ。今日こうした社会的養護の現場で、発達障害が大きな問題になっているんだよ。養育するのに困難をきたすからね。最後の回は、この社会的養護について僕が話そう」

ミサキのまとめメモ

○学童期（6歳から12歳まで）の子育て
→学校生活がテーマになる。

○脳の神経発達が5－6歳頃までに一定の完成を見る
→集団生活に入っていけるようになる。

○発達の凸凹を持つ子どもの増加
→公立小学校には、通常クラスと支援クラスがある。
→遅れがある子は、まずは支援クラスに入れていく。
→支援クラスのイメージを変えるべき。
＊努力しても成果が挙がらないという体験を繰り返すと、子ども達は頑張ろうという意欲そのものを失ってしまう。子どもに挫折させないこと。

○日本の学校は全体主義だったが、これからは個別に合わせた教育システムが必要
→知的に高い子への支援が日本ではなされていない。
→9歳頃になれば、本人の凸凹の特色がはっきりする。個別の対応が引き続き必要な子と、集団教育体制でもできる子との線引きもしやすい。
→9歳までは、集団教育ではなく、個別対応できる体制にする＝幼稚園6年制の提案。

第８章　社会で子どもを育てるということ

足りない社会的養護

前回から2週間後、研究室に向かうミサキの足取りは重かった。今日が最後だからと、教授が全力で突飛な話をするんじゃないかと心配したのもその理由の一つだったが、微熱が続いて体調が最悪だったからだ。でも、刊行時期を考えると予定をキャンセルすることはできなかった。

研究室では、杉本教授がソファに座って待っていた。

「最後は、家族に代わって社会で子どもを育てる仕組みである社会的養護の話ですね」とミサキが話を切り出すと、「社会的養護には、どんな種類があるのか知っているかい」と教授は訊ね返した。

「児童養護施設と……里親、でしょうか」

答えを聞いたのと同時に教授は図と表（図18・表11）を取り出した。

「これは、厚生労働省によってまとめられた今日の社会的養護の一覧と利用者数なんだ」

「いろいろな種類があるんですね！」

驚いているミサキに向けて教授は「では、これはどう思う？」と別の表（表12）を出した。子ども虐待によって生じる要保護児童についての国際比較の表だった。

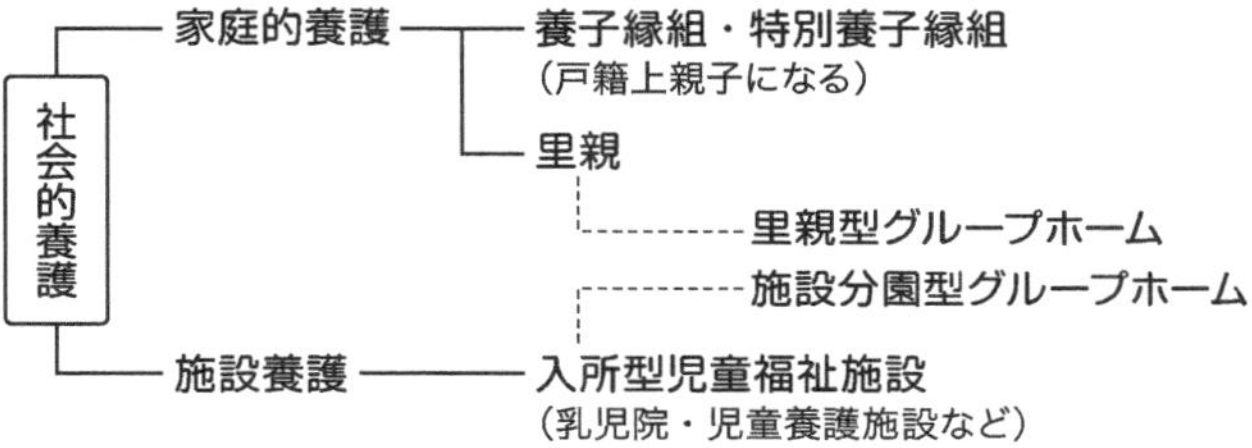

図18　社会的養護とは

里親	登録里親数	委託里親数	委託児童数
	9,392世帯	3,487世帯	**4,578人**
養育里親	7,505世帯	2,763世帯	**3,498人**
専門里親	632世帯	162世帯	**197人**
養子縁組里親	2,445世帯	218世帯	**213人**
親族里親	471世帯	465世帯	**670人**

ファミリーホーム	
ホーム数	218ヵ所
委託児童数	**829人**

施設	乳児院	児童養護施設	情緒障害児短期治療施設	児童自立支援施設	母子生活支援施設	自立援助ホーム
施設数	131ヵ所	595ヵ所	38ヵ所	58ヵ所	258ヵ所	113ヵ所
定員	3,857人	34,044人	1,779人	3,815人	5,121世帯	749人
現員	3,069人	28,831人	1,310人	1,544人	3,654世帯 児童5,877人	430人
職員総数	4,088人	15,575人	948人	1,801人	1,972人	372人

表11　わが国の社会的養護の実態（2014）
（情緒障害児短期治療施設は、2017年に児童心理治療施設へと名称変更されました）

国名	児童人口	保護児童数	児童人口1万人当たりの保護児童数
フランス	13,426,557	137,085	102
ドイツ	14,828,835	119,206	80
イギリス	11,109,000	60,900	55
スペイン	7,550,000	38,418	51
デンマーク	1,198,872	12,571	105
ノルウェー	1,174,489	8,037	68
スウェーデン	1,910,967	12,161	64
ニュージーランド	1,005,648	4,962	49
オーストラリア	4,835,714	23,695	49
カナダ	7,090,000	76,000	107
アメリカ	74,000,000	489,003	66
日本	23,046,000	38,203	17

表12　要保護児童の国際比較（加賀美、2017）

「約4万人の子が社会的養護で育っているんですね」

「日本だって今や子ども虐待の通報や相談が年間10万件を超えている。虐待されている子のシェルターとして、社会的養護は機能してるんだが、日本の子どもの人口からすると、全然足りないんだ！　僕が尊敬する児童養護施設の施設長を長年してこられた加賀美尤祥先生は、『いわゆる先進国で社会的養護の対象は、子どもの1パーセント』と言っているんだがね、日本の現状はそれに遠く及ばない」

「でもそうすると、施設はパンクしますよね？　家から離れて暮らした方が良いと児童養護施設で預かった子どもというのは、次に入りたい幼い子が来た場合どうなるんですか？」

「やむを得ず家に帰ることが多いんだが、それ

各国の要保護児童に占める里親委託児童の割合（2010年前後の状況）（%）

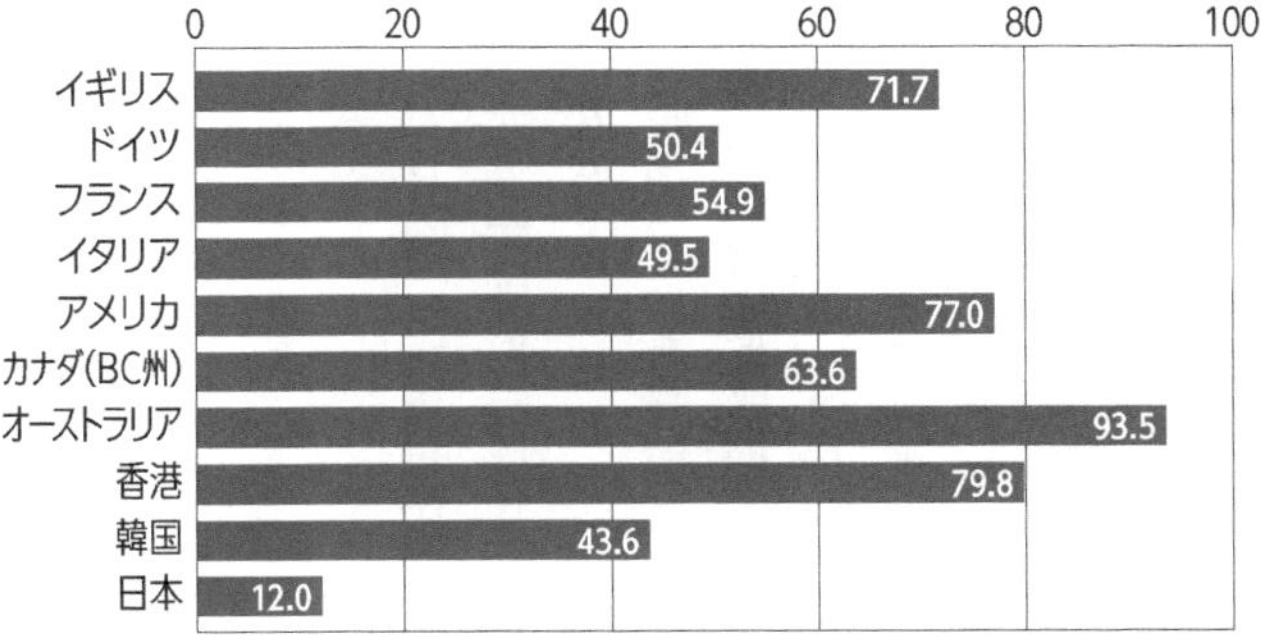

※「家庭外ケア児童数および里親委託率等の国際比較研究」主任研究者　開原久代（東京成徳大学子ども学部）（平成23年度厚生労働科学研究「社会的養護における児童の特性別標準的ケアパッケージ（被虐待児を養育する里親家庭の民間の治療支援機関の研究）」）
※日本の里親等委託率12.0％は、平成22年度末（2011年3月末）
※里親の概念は諸外国によって異なる

図19　里親委託率の国際比較
制度が異なるため、単純な比較はできないが、欧米主要国では、概ね半数以上が里親委託であるのに対し、日本では、施設：里親の比率が9：1となっており、施設養護への依存が高い現状にある

だけではない。この一覧表だけでは日本の特徴というのはわからないから、こちらを見てごらん」と
また次の図（図19）を取り出した。

「こちらは何ですか？」

「少し古い資料だが、社会的養護における里親が占める割合の国別比較だ」

「日本は里親の割合がすごく少ないんですね」

「そう、それが日本の一つの大きな特徴なんだ。

そして、他にも他国と比べたときにわかる大きな特徴がいくつもある。日本の社会的養護制度が抱える問題点について、小さい年齢

の子ども達から見ていこう。まず乳児院だ」

日本の乳児院

「乳児院とは、家庭で暮らすことができなくなった子ども達の施設で、0歳から2歳頃までが対象ですね」

「さて、わが国の社会的養護でこの乳児院があるということ自体がまず大きな特徴だ。大多数の先進国で乳児院は存在しないんだよ」

「え、なぜですか？」

「この時期はどんな時期に当たるかね？」

「えーと、愛着の形成期です」

「その通りだ。繰り返しになるが、この時期は人間の基礎工事の時期になるわけだ。この時期に、家庭的な養育を受けず施設で過ごすと、その後、最良の里親に恵まれても心身の発達の上で問題が起きる。このことが既に1980年代にはデータが出揃って判明していたから、海外では特殊な国を除いて乳児院は廃止されたんだよ。諸外国では、赤ちゃんの社会的養護はほぼ、里親によって担われている」

「ではなぜ日本だけ乳児院が残ったのですか？」

「それは、発達障害と愛着障害、子ども虐待の後遺症に対する知識が欠落していたからだろう。乳児院の子どもの実態調査によると、そこでのASDはなんと6割に上る[17]（図20）。もちろんここには、愛着障害と発達障害の複雑な絡《から》み合いという問題がある」

「ここもまた発達障害の知識が必要なんですね」

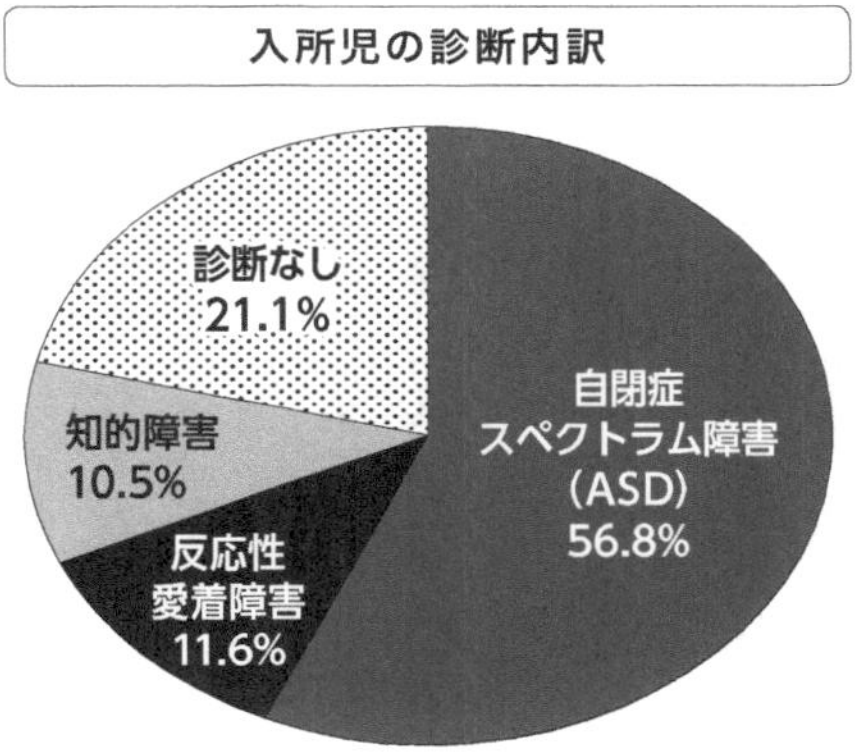

図20　H乳児院の調査結果（山崎、2016）

児童養護施設の抱える問題

「そうだ。また日本では里親への委託《いたく》率が極端に少なく、多くの社会的養護は児童養護施設で行われてきた。

海外にも児童養護施設はあるんだが、内容に決定的に違うところがある。まず日本ではいまだに施設の過半数が大舎制《たいしゃせい》だ。要するに個室や数人部屋を与えられるのではなく、多人数が一部屋で寝起きをしている。年齢は3歳から18歳

17　山崎知克（2016）：乳児院では今。発達障害医学の進歩NO.28、15-27、診断と治療社、東京。

までの子ども達だ。そして、施設職員の数が海外に比較して著しく少ない。ごく最近まで子ども6人に職員1人だったんだ。最近少し改善されたが、それでも4対1とかというレベルだ。海外では普通子ども1人に対して1人の職員がついているので、その違いは明らかだろう」

「要は、海外の先進国に比べてメチャクチャに人手が薄く、一人一人への対応が不十分な中で子ども達が生活をしてきたということですね」信じられないと思いながら、ミサキは「なぜこんなことが起きたのですか」と再び尋ねた。

「これには歴史的な経緯がある。

児童養護施設は第二次大戦前から孤児院として存在していたが、それが急に増えたのは敗戦の直後。沢山の戦災孤児が浮浪《ふろう》化して社会的な大問題になったんだ。この子達を収容する場として児童養護施設は機能してきた。

ところが、この施設に入所する子ども達の質がある時期から決定的に変わってきた。つまり親が亡くなったために入所をする子から、親はいるのに家庭で育てることができなくて入所する子どもが大半になったんだ。

すると、どんなタイプの子ども達が入所してくるようになったかわかるかい」

「子ども虐待をされていた子ども達が多くなったということですか？」

「その通りだ。

以前、子ども虐待によって起きる深刻な愛着の障害と慢性のトラウマのこと、それによってさまざまな精神科的な症状や問題行動が起きることを話しただろう。こんな問題を抱えた子達が、人手不足の日本の児童養護施設で世話を受けるようになったんだ。しかも、沢山の子ども達がプライバシーもなく、多人数でキャンプして過ごしているという環境で。

職員が子ども4人につき1人ということはね、例えば40人が生活する施設では、夜勤の職員は3人だ。交代勤務があるからね。3人の職員が、3歳の幼児から18歳の青年までの40人に、食事をさせて、入浴をさせて、宿題を見たりして寝かせるわけだよ。

そして、子ども達は被虐待児が多いだろう。一部屋に10人が寝る幼児部屋では不安を覚える子どもの夜泣きが始まる。それを3人の職員が1人ずつ抱いてあやして寝かしつける。全員が寝付くのは明け方だ。この幼児と小学生が少なからず夜のお漏らしをする。そのお漏らしをした布団を、早出の職員と一緒にシーツをはがして干し、シーツを洗濯機に入れ、そして、子ども達全員を着替えさせ、朝ご飯を食べさせて、幼稚園や学校に送り出す」

「何とも大変なことだ……」話を聞くうちに、ミサキは頭がくらくらしてきた。

「こんな状況で問題が起きないはずがないだろう。それでだな」

引き続き話を続けようとした教授は、ふと口を動かすのをやめて、ミサキに「顔色が悪いが大丈夫かい」と尋ねた。

「はあ、余り体調が良くなくて」

しばらくミサキの顔をじろじろ眺めていたかと思うと、「ひょっとして妊娠したんじゃないのか？」と突然尋ねた。

「え、そんなこと……本当に？　え、でも、そうかも……しれません」

動揺を抑えきれないミサキに、「おー、めでたいことじゃないか。帰ったら検査薬で確認したまえ」と教授はデリカシーのなさを披露《ひろう》した。

「どうする？　今日はここまでにして改めて日を取りなおそうか」と教授は尋ねたが、ミサキは「いいえ、はっきりまだわからないですし、とりあえず続けてください」と答えた。

「では、君がいいというなら」。こほん、と一つ咳払いをして、また厳しい顔に戻り、話を始めた。

「発達障害や愛着障害が重たい子ども達が大集合していて、しかも人手不足の施設の中で、子ども同士が喧嘩《けんか》を繰り返す。一度喧嘩になったら、子ども達は大暴れになって、治まらなくなる。これが繰り返されるんだ。家庭で暴力被害を受けた子ども達が、暴力をより幼い子に繰り返す。そうしたトラブルが起きるのは当然だ。

しかも問題はね、ミサキ君のようなマスメディアに働く人達に、こんな実態が全く知られてこなかったことだ」

「それは……確かに……。今回、この本を企画しなければ、おそらく知らないままだったことばかりです」とミサキは正直に言った。

連鎖する性的加害

「特に深刻なのは、性的被害加害の問題だ。

もともとこの問題のルーツは二つあると、私の尊敬するある先生が言っている。この男がまた多動中年でね」と、余計なことを付け加えて、「まず一つ目、被虐待児は支配被支配の関係をすぐに作ってしまう。その中で、性加害によって支配をするという児童養護施設独特の何というか加害文化が、年長児から年少児に受け継がれてきたようなんだ。この先生によると『施設の子は年長のチンポをなめて育つ』と施設育ちの子が言っていたとさ」。

ミサキが絶句しているのを無視して教授は話を続ける。

「もう一つは、性的虐待が表に現れにくいことだ。性的虐待を受けた子どもが、そのことに気付かれないままに児童養護施設に入所するということも多い。そうするとその子達が性的な問題行動を繰り返す。そして、その被害を受けた子達が年長になると、年少の子に加害をするようになって連鎖していく。

実は僕が以前に子ども病院で働いていた時に、近くの児童養護施設で性的加害、被害の大発生が起きて、心理の先生と一緒に介入をしたことがあるんだが、徹底的な聞き取りをやったら、定員35人のその施設で、加害被害のない子はたったの2名だけだった。[18] しかも、全部の性組み合わせがあった。男児から男児、男児から女児、女児から女児、女児から男児も。そうなると、加害被害のない2名の子がなぜ何も無かったのか逆に気になったよ」

「そんなこと、例外じゃないんですか？」

「残念ながらそうではないんだ。今や全国どの児童養護施設も、性的な問題にさらされている。経験していないところなど、無いと言っても良い状態だ。

もちろんグループホームを基本にして家庭的な環境をきちんと作っているすばらしい施設もあるにはあるが、グループホーム、つまり小舎制《しょうしゃせい》からしても、全体としては稀だ。

人手をかけなければ基本的なケアさえおぼつかないんだが……」

「でも子ども虐待という大変な体験をしてやっと保護をされた子ども達ですよ。しかも社会的養護対象になるのは狭き門なわけですよね。その子達が基本的な保護も受けられないなんて……」

「すごくおかしいだろう？　これがＧＤＰ世界第3位の先進国の現状さ。不思議と言うほかはない。

そもそも子ども虐待を止めるための法律は、日本では２０００年になってやっとできあがった。日本は子どもの心の問題に関しては完全な後進国と言わざるを得ない。児童精神医学の講座だって、２０１０年に初めて独立した講座が出来たんだぞ。この僕のところがその最初というお粗末さなんだが。

まあ厚生労働省もやっとこの問題の深刻さに気付くようになって、２０１６年に児童福祉法の根本的な改正があり、子どもの人権を守ることや、社会的養護は家庭的な環境で行うことがやっと公的に宣言されたところだ」

「それは遅かったけれど、良かったですね。大きな一歩というか」

「まあね。そしてね、最近は親子2世代での治療が必要なこともよくあるんだ。児童養護施設を出た子が子どもを持ったという親子の場合、子育て困難な状態が大集合をするという残念なことが本当に多いんだよ。発達障害や、子ども虐待、ネグレクト、貧困など……。僕はこんな親子にはできるだけ親切に対応をしているんだがね。児童精神医学は、ソーシャルワークになることが多くて」

18 海野千畝子、杉山登志郎（２００７）：性的虐待の治療に関する研究 その２：児童養護施設の施設内性的虐待への対応。小児の精神と神経、47（４）、２７３-２７９。

他の社会的養護施設

「世代間連鎖までいくと本当に深刻なんですね……。

では他の社会的養護施設についても教えてくださいますか？　何か難しい名前の施設が多いのですが」

「児童心理治療施設というのは、児童養護施設よりも職員の数が多く、心理治療ができる心理士もいる治療のための施設なんだ。全県ではないが多くの県に少なくとも1ヵ所はある。少し前まで情緒障害児短期治療施設と呼ばれていたんだが、この名前は変だと思わないかい」

「情緒障害児ってどういう子ですか？」

「もともと、発足当初は当時情緒障害と考えられていた自閉症の子が入所していた。施設入所をして短期と言っても1〜2年間だが治療を行う施設だった。だがその後、今度は不登校の子が入所をするようになった。そして最近は他の社会的養護施設と同じように、子ども虐待の子でいっぱいになってしまったんだ。それも児童養護施設で対応できない重い子が来ることが多い。でも短期なんだ」

「ここでは治療ができるんですか？」

「少数の施設ではできているが、先に述べた性加害被害が起きている施設も少なくない」

「ここでダメな時はどうなるんですか？」

「もう一つ、児童自立支援施設というグループがあるだろう。これは前に説明したようにもともとは教護院と呼ばれていて、非行系の子達が集まっていた。だが、ここも例に漏れず現在は子ども虐待にあった子ばかりだ。

しかも他の社会的養護でトラブルが起きた子達が集まる構造になっている」

「問題が多い子が集まりやすいんですね。ケアはきちんとできているのでしょうか？」

「がんばっている所もあるが、全国的には危機状態にあると言わざるを得ない。なぜかというと、かなり重い子ども達が大集合したため、問題行動が大噴出することがしばしばあるからだ。ケアワーカーが殺されてしまった事件などもあって、施設の活動を縮小していたり、実際には活動をほとんど停止してしまっている所もあるんだ。

定員として挙げられている人数の半分以下の子ども達がやっと受け入れられてケアをしているというのが現状だよ」

「はぁ。なぜこんなことが起きているのですか？」

ミサキは深くため息をついた。これでは日本の社会的養護施設はきちんと機能しているとは考えづらい。

「いくつか要因はあるが、なんと言っても子ども虐待の後遺症を甘く見ていたことによると思う。

それに、重い子どもが入院できる児童精神科の病棟を持つ病院も全国で数えるほどしかない。しかも、しばしばその病院のチーフがオールドファッションなアホで、重い心の傷を抱えた子ども達に十年一日のごとき、昔ながらのただ聞くというカウンセリングだけをしている。これで子ども達が良くなるはずもない。発達障害はあまり診たくない、子ども虐待はきっぱり診たくないなど、患者を選ぶヤツまでおるんだ。医者の仕事はサービス業だろうに。

まあ要するに、これまでの医療の仕組みでは発達障害も子ども虐待も治療ができないということに尽きるんだがな」

「全体的な問題ですね」

「児童自立支援施設が危機的になってしまったのも、結局そこでのケアがきちんとできなかったからだろう？

児童精神科医だけではなくて、臨床心理士にしても、慢性のトラウマへの治療がきちんとできる人は、これまで本当に限られていた。成人の一般的な精神科医に至っては、統合失調症とうつ病の治療しかできないと言っても良い。

僕は子ども虐待の子どもと親を一緒に治療してきたんだが、その理由は、成人を担当すべき精神科医がちっとも治療できないから、こちらが親の側もせざるを得ないということなんだよ」

里親による養育

「しかも、世界的には社会的養護の中心になっている里親による養育は、わが国では進んでいないのですよね？」

「いやいや、徐々に進んでいることは確かだし、里親養育の重要さは子ども虐待に関わっている者にはあまねく認識されていると思う。少しずつ着実に里親委託率が増えているしね」

「里親がこれからだんだん増えていけば、日本の状況も変わってくると考えて良いですか？」

「そう信じたいが、里親に関しても解決をしなくてはならない問題が実は山積みになっている。ほら何年か前にも、東京で里子を里母が殺してしまったという痛ましい事件があっただろう。子ども虐待の後遺症を抱えている子ども達だから、さまざまな試し行動も起こせば、暴力的な噴出《ふんしゅつ》もあれば、場合によっては性的問題行動も起きてくる。ところが里親研修の中で、このような本当に大変な状況にどのように対応をしたら良いのかという、具体的で実践的な指導がちゃんとなされていないことが多い。

加えて里子を委託された後で起きてくる問題に対して、治療的な対応をする仕組みがまだ十分に出来上がっていない。

児童相談所の役割になるんだが、児相は押し寄せる新たな子ども虐待の待ったなしの対応で余裕がない。里子と里親へのケアがまだシステムとして作られていないんだ。児童精神科医がこのケアができなくてはいけないのだけれど、大変な時の預かりや入院治療を含めて、これができている地域の方がむしろ少ないというのが現状だと思う」

「そんな……。どうしたら良いんでしょうか？」

「あのね、0歳で委託された里子、特に6ヵ月以内に里子に行った子ども達って、本当に何も問題がないんだなあ」

「つまり、愛着形成の過程が始まる前の時期に、里子に行くのが良いということですね」

「その通りなんだ。日本だと、中学生とか高校生になって、児童養護施設で問題を起こしてしまって、帰る家庭もない子が時に里親に委託されることがある。これはとても難しい子達だから、うまくいかないことが多い。思春期だから当たり前といえばそうだが。処遇する場所がなくて、苦肉の策としてこんな委託がなされることが時々あるんだ。

が……僕は貴重な里親をそんなことで〝消耗《しょうもう》〟するのはやめて欲しいと言い続けているんだよ。里親になろうとする夫婦自体少ないのだからね。

それから、こんなこともある。里親希望者がいても、都会の場合、子どもを委託されるのはそのうちの1割ぐらいに過ぎないとかね。昔から里親会と児童相談所はどうも互いに不信があるようなんだが。これも僕には理由がよくわからない」

「あの、ここに書かれているという特別養子縁組というのは何ですか」

「ああ、これはね、普通の里子の場合には戸籍にはそのことが残るだろう？　特別養子縁組の場合には、最初から、その親の子どもとして戸籍の上に記載されるんだ」

「それはすごく良いシステムではないんですか？」

「僕もそう思うよ。だって恒久的《こうきゅう》な家庭での生活が子どもに保障されるわけだからね。中絶させられない事情があって子どもを産んでしまったが、しかしながら子どもを育てられない事情を抱えている母親は、例えば中学生とか高校生の妊娠とかね、沢山いる。一方で、子どもに恵まれない夫婦もまた沢山いるだろう。

生殖医療といった無理を重ねるのではなくて、特別養子縁組で親子になってもらえればそれに越したことはないと思うよ」

ただね、と杉本教授は話を続けた。

「この形だと、実親と子どもとの関係は切れてしまうことになる。そうでなくとも里親と実親との関係はこじれることが多いんだが、こうしてすべての関係を切るということに対して、同意を得られることがこれまで多くはなかった。

もともと家庭に恵まれてこなかった人達が、実の親子の絆をどんな形でも残したいと思うのは、やむを得ないことだろうと思うよ」

これからの社会的養護

「でもそれって……。先生の話を聞いていると絶望的になりますが」

「ここまで問題点をあげてきたが、はっきりと全体は良い方向に向かってきていると思うよ。児童養護施設も、問題にきちんと向き合うようになってきたし、小舎化、グループホーム化に向かっている。以前のように、高校に入学できなかったからと、15歳で施設から追い出されるといったひどい処遇もなくなってきた。

里親にしても、すばらしい人達もいるんだ。里子の治療を通して知り合いになったある里親なんだが、ずいぶん大変な子ども達が何人もそこできちんと育っている。すると、その家庭の周りの人達の中に、里親を始める人が少しずつ増えてきたんだな。大変そうだけど楽しそうでもあって、すごく意義があることみたい、と周りの人達がその家庭を見ているうちに思うようになったんだね。その里親家庭は、最終的にはグループホームになったよ。こんな具合に、里親が広がっていくと良いなと思う」

「本当にそうですね」

「それからこんな例もあるんだ。乳児院に長年勤めてきた人たちがね、これじゃあ本当の世話にならないよね、と愚痴《ぐち》を言い合っているうちに、そこの施設を皆で一緒にやめて、自分達でグループホームを作ってしまったんだな。そして実親の支援もしながら子育てをしている」

「社会的養護をどうしていくのかというのは、結局、子ども虐待への対応システムを作っていく作業と一緒になるんですね。さらに加えて家族のあり方についての議論も必要になってきますね」

「その通りだよ。ミサキ君、ほら最近は男女の夫婦だけではないだろう。同性婚の家族で里子を育てるという例も、海外では沢山あるんだよ」

「そんな例があるんですか？」

家族のあり方を考える

「今まで取られた資料を見る限り、一般的な男女カップルより良いんだよ。

特にレズビアンカップルに育てられた子どもに良い子が育つというのはもはや定説になっている」[19]

19 Lavner JA, Waterman J, Peplau LA. (2012):Can gay and lesbian parents promote healthy development in high-risk children adopted from foster care? American Journal of Orthopsychiatry, 2012 Oct; 82(4):465-472.

「どうしてですか？」

「研究者は、体罰によってしつけられることが少ないからではないか、と分析をしているよ。まあ逆に言えば、体罰はそれだけマイナスということなんだろうけれど。

ゲイのカップルも暴力性ということで言えば男女カップルよりずっと少ないだろう」

「はー、なんだか、家族のあり方自体の既成概念が変わりそうです。

では、子ども虐待の連鎖が増え続け、社会的養護の要請も増えている日本の状況に対して、何か根本的な解決方法はないんでしょうか」と、ミサキが頭を振りながら尋ねると、

「ぶっ飛んだ解決策はあるんだよ」と杉本教授はにやりとしながら答えた。

「先生のぶっ飛ぶって、ちょっと怖いんですが」

「日本の家族システムを昔に戻すんだ」

「え、なぜそれが解決になるんですか、ちっとも良くならない気がしますけど。すべての女性を専業主婦の役割に固定するのは、さまざまな弊害《へいがい》があるじゃないですか？」

「あのね、昔と言っても昭和とか明治とか江戸時代じゃないんだよ。

日本の歴史の大転換点である応仁の乱の前に戻すんだ。ほら、伝統的に日本の家庭はもともと妻問い婚だろう」

「どういうことですか」

「平安時代の貴族の社会がそうだったように、日本の家族システムを妻問い婚の母系の家庭にする。で、男性による暴力と支配を抑止するために男性の財産権を認めない」

「そ、それはすごいですね」

「今でも中国の雲南省にモソ族という母系社会の少数民族がいるんだが、そこの家族システムが優れているんだなあ。[20] 妻問い婚で、父親は母親の元に通ってきて、子どもができる。家には母親とその兄弟姉妹がいるんだが、母親の姉妹に対して子どもはどちらもママと呼ぶわけだ。母親の兄弟、つまりおじもいるんだが、おじ自身の子どもは家の外にいる。おじは姉妹の子どもの子育てには積極的に関わる。お金の管理などすべて家の実権は家長の母親が握っているんだよ。

このタイプの拡大家族だと、家庭内暴力もなければ孤独死もない。だからたぶん、日本でも日本古来の母系社会に戻すというのが一つの解決策になるんじゃないかと思うんだが」

「それで男性は良いんですか？」

ミサキは、日本の今の男性は納得しないんじゃないか、と思った。が、杉本教授は、ふんっと鼻をならして、気にせず話を続けた。

20　金龍哲（2011）：東方女人国の教育。大学教育出版、岡山。

「ＤＶの後始末をさせられてきた一児童精神科医から見る限り、今より社会全体はずっと良くなると思うよ。

　このシステムだともう一つ良いことがある。母系の拡大家族であれば、高校生年齢で子どもを産んでしまうことも可能になるんだ。生物的にはこの時期が一番出産のトラブルがないだろう。実際の子育てはもう一つ上の世代が一緒にやれば良い。そうすれば家族の再生産サイクルを3分の2ぐらいに短縮できる。少子化も解決だ。

　こんな昔の家族システムのことを考えていると不思議なことがいっぱい出てくるんだな。ほら有名な山上憶良の歌があるだろう。

『憶良らは　今は罷《まか》らむ　子泣くらむ　そを負ふ母も　吾を待つらむそ』（現代語訳・憶良めはここで失礼いたしましょう。子どもが泣いているでしょう。ええまあ、その母親も私を待っていることでしょう。〈佐竹昭広ほか校注『万葉集（一）』岩波文庫、２０１３〉）。

　この歌は不思議ではないかい？」

「え、どうしてですか」

「だって妻問い婚だったら、家に待っているのは自分の子ではなくて、自分の姉妹の子だろう。家に待っていたのは誰なんだろう。憶良は帰化人だったらしいから父系家族だったのかもしれないけれど……」

久しぶりに限りなく話を脱線しそうになった教授にミサキは割って入った。

「えーっと、社会で子どもを育てるということを考えていくということは、家族のあり方も一緒に考えていくということで良いでしょうか」とミサキがまとめると、話の腰を折られた教授は、「まあそういうことになるかな」と応じ、「どうだね、今日で一通り子育てについて語り終わったが、役立つ良い本になりそうかね?」と尋ねた。

「そうですね。深刻な話から、突飛な解決策までいただいて、ちょっと頭が混乱していますが、うまくまとめてみます」

「あ、そういえば、体調は大丈夫かね。どうぞおだいじにね」

杉本教授はそうミサキに言って最後の対談を終えた。

ミサキのまとめメモ

○社会的養護：家族に代わって社会で子どもを育てる仕組み。

○虐待されている子のシェルターとして、社会的養護は機能しているが、日本の子どもの人口からすると、全然足りない。

○大多数の先進国で乳児院は存在しない

→愛着形成期は里親による家庭的な養育がのぞましい。

→日本で乳児院が残ったのは、発達障害と愛着障害、子ども虐待の後遺症に対する知識の乏しさによる。

○日本の児童養護施設の問題点

→施設の過半数が大舎制／施設職員の数が著しく少ないこと／一人一人への対応が不十分。

○里親の問題

→日本では徐々に里親委託率が増えているが、課題が山積み。

→愛着形成の過程が始まる前の時期に、里子に行くのが良い。

○家族のあり方を考える

→レズビアンカップルに育てられた子どもは良い子に育つ傾向がある。家族の形態は多様でよい。体罰は本当に良くない。

→日本の家族システムを、母系制の妻問い婚に戻す!?

第9章　残された課題

家に帰ったミサキは、自分の体調不良の原因と向き合った。杉本教授の指摘通り、妊娠6週だった。妊娠初期症状に悩まされながら、ミサキはベースとなる原稿をまとめ上げ、できたところで、妊娠報告を兼ねて、原稿と追加の質問を杉本教授と矢野准教授にメールで送った。すると、矢野准教授から最後にもう1章加えないかと提案された。

「ミサキさんにメールで挙げていただいたご質問について、杉本先生と私と二人で対談形式に話し合って、それを最後の章にしたらどうかと思うんです」という提案に、ミサキもぜひお願いしますと賛同した。

そこでもう一度、アポイントを取り直しミサキが研究室に駆けつけると、二人の児童精神科医がミサキを待っていた。この間に、杉本教授は定年退職となり、後任を矢野准教授が引き継ぐことになったという。杉本教授は客員教授として大学に関わることになるらしい。そして、ミサキは妊娠15週になっていた。

「ミサキさん、ご妊娠おめでとうございます。まもなく安定期ですね。それで、ですね。今日の対談は、ちょっと付録のようになってしまうんだけど、杉本先生からも9章目が必要ではと言われまして」と矢野新教授はいつものように、にこやかに話を切り出した。

「ただ、杉本先生に任せるとどこに暴走するかわからないので、私が舵取りをするということで良いですか?」と矢野先生が尋ねると、杉本先生は「ああ、それで良いよ」としぶしぶ答えながら、「ミサキ君、体調は大丈夫か？」と尋ねた。

「もうつわりも落ちついたので、大丈夫です」

発達障害は増えているのか

矢野新教授が口火を切った。

「では、最初のミサキさんからの質問ですが、〝発達障害は増えているのか〟という大変に重要な課題です。以前私が第3回で、お話ししたのと多少重複しますが、杉本先生と私の考え方の違いもありますから、あらためて考えてみましょう。

ここで特に問題になるのは自閉症スペクトラム障害（ＡＳＤ）なので、ＡＳＤに絞って、私から整理をさせてください。

自閉症の概念が変わってきたことは確かにあります。しかしそれだけではないという指摘もあります。

ＡＳＤは本当に増加しているのか否かということが一つ。そしてもし実数が増えているんだとしたら、なぜ増えているのかということがもう一つの問題です。

最初に、私の考えを述べさせてください。なんと言ってもＡＳＤの考え方が大きく変わってきたということが大きいと私は考えています。ＡＳＤについては、原因の仮説も大きく揺れ動いたということは、杉本先生がいつも指摘をしてこられたことです」

「あのね矢野君、概念の変遷の前に、最初の疫学研究の問題について触れなくては。これまでは、あまり表立って指摘されてこなかったんだから。

1970年代に最初に自閉症の疫学調査が行われた時、その研究はほぼすべて、疫学研究そのものが目的ではなかった。悉皆《しっかい》調査（データを余すことなく全て調べること。全数調査）を行って自閉症を選別し、そこで見つかった自閉症によって、次の研究をするためのまあ何というか第一段階として行われたんだな。するとね、できるだけ純粋な自閉症に絞る必要がある。これが最初の子ども1万人に4人前後という数字になったという要素があるんだ。

ところが臨床の立場からは、純粋な自閉症でなくとも、同じ質の問題を抱えている子ども達への対応の難しさは同じなので、臨床的には自閉症が広がることになる。そのうちに、このグループが単一の病気ではなくて、沢山の基盤を持つ症候群ということがはっきりしてきたというわけだ」と杉本先生が補足した。

「そうですね。そして、もう一つの大きな概念の変遷は、なんと言っても知的に高いグループの存在が、公認されるようになったことですね。

スペクトラムとして自閉症を考えるなどということは、凸凹が軽いグループを公認するということでしょう。この点を考えれば、以前の何十倍も増えたとしても不思議ではないと思うのですが。杉本先生いかがですか」

「うーん、こういう軽いグループが認められるようになったということはもちろん大きい。だがね、僕は何回か悉皆調査をしているんだ。その実感として、どう考えても最近になって増えたとしか思えないんだよ。

ほら、前に矢野君が触れた文科省の悉皆調査があるだろう。2002年と2012年にほぼ同じ調査を通常クラスを対象にして行った。ここで発達障害が疑われる子は2002年に6・3%、2012年に6・5%だったんだが、調査の時に特別支援教育を受けていた子どもの割合が、この10年間で1%強増えているんだな。つまりそれは、この10年間で1%ほど、発達障害が増えたのではないかということを示唆する結果になっている」

矢野先生は眉間に少しシワを寄せたが、再びにこやかに「私はこの増えたということにまだ懐疑的なんですが。そうだとするとなぜ増えたのか、説明しなくてはなりません。これがいろいろな要素がありすぎて、すごく難しいんです」と答えた。

「僕は少なくともいくつかの要因があることを指摘できると思う。

一つは日本全体の晩婚化だ。そしてそれにも関連する未熟児の増加だ。

もちろんこういったことは、因果関係としては無関係ではないだろうというレベルに過ぎないが、リスクが上がってしまうことは間違いない。

それから黒田洋一郎先生という世界的な神経科学者が、ＡＳＤの罹病率《りびょう》の高さと、農薬の使用の多さが相関するという非常に重要な指摘を行っている。[21] 彼は微量のアルミニウムの摂取と認知症との関係を最初に指摘した人だよ。われわれは知らない間に、神経毒になりうるものに囲まれて過ごしている。とても重要な指摘だと思う。

僕は、実は電磁波の影響もすごく気になるんだが、まだ誰もこの問題に正面から向かい合っていない」

「そうですね。このあたりの問題はすべて、本来もっときちんと調査を行わなくてはならないですね」

「それからね、いわゆる第４の発達障害の問題がある」

「愛着障害ですね」対談の開始ゴングが鳴ってから初めて、ミサキが口を開いた。

子どもも虐待で発達障害は起きるのか

「これもミサキさんから疑問点として指摘されていました」と矢野先生はミサキを笑顔で見て言った。「要するに、『育ちの問題だけで発達障害が起きることがあるのか』と」

「マスコミはいつも途中をすっとばして結論だけを欲しがる」と杉本先生はぶつぶつ文句を言いながら、「名前を言えないから匿名で某女史、としておくが、有名な女性の自閉症研究者がいるんだが、僕のことを評して、子ども虐待で発達障害が起きるなどという妄言を言うので、皆が迷惑していると言ったとか。だがこれにはＥＲＡ研究という重要な一連の研究がある。矢野君から説明をしてくれないか」。

「これはルーマニアからイギリスに里子に行った子ども達への継続的な追跡調査研究ですね。チャウシェスク政権の下で多産政策と経済的な困窮が著しかった旧ルーマニアでは、大量のストリートチルドレンが生じ、非常に劣悪な環境の孤児院に多くの子どもが収容されていました。

ですが、その後ソビエト連邦の崩壊、ベルリンの壁の崩壊が起き、チャウシェスク政権が倒れたあと、この孤児院に暮らす多くの子ども達が養子や里子として他の国に行ったんです。この中に、自閉症児がえらく多いということは、話題になっていました。

そこでルーマニアからイギリスに里子に行った子ども達への徹底的な調査をロンドン大学のラターに率いられたグループが開始し、その後の追跡も継続して行ってきました」

矢野先生がよどみなく説明を続ける。

「一番最初の論文は１９９８年に出ています。計１６５名の３歳半までに養子に来た児童

21　黒田洋一郎（２０１７）：発達障害など子どもの脳発達の異常の増加と多様性。科学、87（４）、３８８‐４０３。

の調査研究です。この子達の調査を継続的に行ったんですね。[22]

この最初の調査では、身体発育は良好でしたが、生後6ヵ月以後の養子では認知発達に遅れが認められていました。さらに特筆すべきは自閉症症状を呈した児童が21名もいたことです。知的障害を伴った自閉症症状3名、折れ線発症1名、知的障害の無い7名、軽度の症状10名で、なんと全体の13％に上りました。

ところが、この子たちを数年フォローしてみると、家庭的な養育を経たことで、その大半が劇的な改善を示していて、3名以外はすべて自閉症の診断基準を満たさなくなっていました。このグループの65％に愛着障害があり、重度の愛着障害が14％にありました。ネグレクトのもたらした愛着障害によって、自閉症症状が生じたらしいということが示され、世界に衝撃を与えたのです。これが杉本先生がおっしゃっている第4の発達障害、ですね」

「そうだな。ラター達は最初の論文でquasi-autism、まあ何というか偽自閉症といった書き方をしていたものだ」

「ところが、2007年に既に思春期を迎えているこの子達の追跡研究が出ます。[23]そこで明らかになったのは、劇的改善をしたグループに何らかの自閉症症状が残っていたということでした。そしてさらに、2017年に既に成人になったこの子達の追跡研究が出ます。

この結果を見ると、最終的にASDの尺度では、対照群として選ばれたイギリスの通常の里子で成人になったグループに比べて、明らかに高いというものでした。[24]

それ以外の発達障害や精神症状なども徹底的な調査が行われているんですが、この一番最近の調査では、研究グループは既にＡＳＤと言い切っています」

「えーと、これって環境因でＡＳＤが起きるということと考えて良いんですか？」とミサキが目を丸くして尋ねると矢野先生が「うーん、このあたりはまだまだ検討が必要なんですが」と慎重な言い方をした。

「この論文を読んだ〝某女史〟の反応が見たいなあ」と杉本先生は意地悪なことを言って、話の続きを引き継いだ。

「山崎先生の乳児院の研究（１９５ページ）を見ても、自分たちが実施した児童自立支援施設の調査結果を見ても、臨床研究が示すのは、子ども虐待の子達がＡＳＤの症状を示す傾向にあるという事実だ。

22　Rutter M, Andersen-Wood L, Beckett C, et al., (1999):Quasi-autistic patterns following severe early global privation. English and Romanian Adoptees (ERA) Study Team. Journal of Child Psychology and Psychiatry and Allied Disciplines, 40(4):537-549.

23　Rutter M, Kreppner J, Croft C, et al., (2007):Early adolescent outcomes of institutionally deprived and non-deprived adoptees. III. Quasi-autism. Journal of Child Psychology and Psychiatry, 48(12):1200-1207.

24　Sonuga-Barke E J S, Kennedy M, Kumsta R, et al., (2017):Child-to-adult neurodevelopmental and mental health trajectories after early life deprivation: the young adult follow-up of the longitudinal English and Romanian Adoptees study. The Lancet, 389:1539-1548.

特に世代を超えると、鶏が先か卵が先かが全くわからなくなる。日本の自称研究者達は不徹底でね、中途半端にＥＢＭを信奉する一方で、臨床の示す事実に対して鈍感と言うしかない。ところが、〝ロンドン大学〟の研究成果なんかが出るとすぐにありがたがって恐れ入りましたということになる。

矢野君も気をつけないとダメだぞ。君は八方美人過ぎるからな」と余計な一言を付け加えた。

矢野先生はオホホホと上品な笑い声を上げ、「近くに先生のような、反面教師がいらっしゃるので、社交性を身につけたんですよ」とにこやかに答えた。

ミサキはこの二人のボケとツッコミのようなやりとりにあきれながら、「では、次の質問にいって良いでしょうか」と話の方向を戻した。

認知行動療法に基づく、トラウマに対する治療法

「ミサキさんの次の質問は、『トラウマに対して、特別の治療法があるのか』、そして『それはどんな治療法なのか』というものです。杉本先生いかがですか」矢野先生が質問した。

「これはね、主に二つの流れというか、系統がある。一つは、ＥＢＭに厳密に基づいたトラウマ処理のやり方で、だいたい認知行動療法[25]に基づいている。

もう一つは、臨床的に有効だということがはじめに明らかになって、その後で、科学的な実証がなされるようになった治療法のグループで、まだ実証がきちんとすんでいない手技も含まれる。

僕はこの両者を〝ルビコン川の手前〟と〝ルビコン川の向こう〟と呼んでいるんだが。もちろん、ルビコン川とはローマ時代の故事に出てくるあの川で、ルビコン川を渡るとは、ある重大な決断・行動をすることのたとえだよ。矢野君はＥＢＭ派なので、ルビコン川の手前の方、つまり認知行動療法的なものを説明してもらおうか」

「じゃあ、この一覧表（表13）を見てください。基本は認知行動療法の遷延暴露法《せんえんばくろほう》なんですが、この説明からしなくてはならないですよね。基本的な考え方はすごく単純なんです。つまり延々と刺激に曝《さら》して慣れさせるという治療法ですね。

だからトラウマに関しても、そのトラウマ場面、交通事故だとか、犯罪被害だとか、レイプ被害だとかを詳細に語らせ、何度も何度もその場面の再体験を促して、それでトラウマの衝撃が消えていくという治療法です。[26] もちろんこれは辛い治療です。ですが、子ども

25　認知行動療法とは、行動の修正に焦点をあてた行動療法と、自動思考など誤った認知の仕方の修正を行う認知療法とを組み合わせた精神療法で、さまざまな疾患に広い有効性が示されている。

26　Foa EB, Hembree EA, Rothbaum BO. (2007):Prolonged exposure therapy for PTSD. Oxford University Press, Oxford.（金吉晴、小西聖子監訳（２００９）：ＰＴＳＤの持続エクスポージャー療法。星和書店、東京）

- STAIR－NT
  ：感情および対人関係調整スキルトレーニング－人生叙述療法
- TFCBT：トラウマに焦点を当てた、認知行動療法
- Narrative Exposure Therapy（NET）：人生叙述による暴露療法
- Brief Eclectic Psychotherapy for PTSD（BEPP）
  ：PTSDのための折衷短期精神療法
- Cognitive Processing Therapy（CPT）：認知処理療法
- EMDR：眼球運動による脱感作と再処理療法

表13　トラウマ処理　その1（ルビコン川の手前の治療法）

用にアレンジされた治療法も開発されていて、とても高い治療実績を挙げています。そして……」

「高い治療実績といっても、この治療を受けることを受け入れた子達だろう」

矢野先生の説明がまだ終わっていないのに、杉本先生が途中で割り込んできた。

「まあそうですが」

「この治療を受けるぞ、というところに持っていくまでに、メチャクチャにエネルギーが必要なんだが。まあ確かに乗ってしまえば、きちんと良くなるがね」と言う杉本先生を無視して、矢野先生はにこやかに続ける。

「ええと、それでこの一覧なんですが、特に注目されているのがこのＳＴＡＩＲ－ＮＴという治療技法です。[27]

これまで認知行動療法を基盤にしたトラウマ処理は、複雑性ＰＴＳＤ、第４回で杉本先生が言った、子ども虐待といった恒常的にトラウマに曝されたものにきち

んと対応していなかったんです。が、この治療法は、最初からそこに焦点を当てて開発をしています。

ただ今回のミサキさんの本は一般書なので、このあたりの詳細な説明は省いても良いのではないかと思います。とりあえず、こんな認知行動療法を元にして、さまざまなやり方が工夫開発されてきているということがわかっていただければ」

「矢野君、ＳＴＡＩＲ－ＮＴを日本語で説明しなくては」と杉本先生が話を挟む。

「ＳＴＡＩＲ－ＮＴとは〝感情および対人関係調整スキルトレーニング－人生叙述療法〟、まあ、簡単に言うと感情調節のやり方をしっかりトレーニングした後に、行動療法の一つである暴露治療を実施していくといったやり方ですね」

「この小難しい日本語の説明を聞いただけで、これは実施が大変そうだと感じるだろう」

と杉本先生は茶々を入れた。が、矢野先生はいやな顔一つせずにこやかに促した。

「それじゃあ、杉本先生〝ルビコン川の向こう側〟を」

27　大江美佐里（２０１７）：トラウマ処理：ＳＴＡＩＲを中心に。そだちの科学、29、18－22。

実証的なトラウマ治療法

「こちらの表（表14）に出てくる治療法の特徴というのは、理論的に構築されたというよりも、偶然に発見され、それが発展をしたという経緯で作られたものが多い。それから、どれもイメージの操作と体のワークを取り入れている」

「この表にあるEMDRは、先ほどの表（表13）にもありましたが？」とミサキが尋ねた。

「これは開発者のシャピロという人が、自分の確かガンの宣告だっけ、辛いことを聞いた後で散歩しているうちに、目を左右に動かすという眼球運動をすると、辛い気持ちがすっととれるということを偶然見出したんだ。[28]

- EMDR
- ブレインスポッティング
- ソマティック・エクスペリエンス
- TFT：思考場療法
- ホログラフィー・トーク
- 自我状態療法

表14　トラウマ処理　その2（ルビコン川の向こうの治療法）

そこからトラウマ処理の技法として発展していった。EMDR（眼球運動による脱感作と再処理療法）はだいぶ科学的な裏付けが示されるようになってきたので、さきほどからのたとえで言えば、ルビコン川の橋の上といった感じかなあ」

「先生もEMDRはずいぶん使っておられますね」と矢野先生。

「ただ僕のやり方は、重たい臨床に合わせてだいぶやり方をいじっているので、そのうちにＥＭＤＲ学会から破門されるんではないかとびくびくしているんだが」

「では次をよろしくお願いします」

「ブレインスポッティングはＥＭＤＲからの派生なので省《はぶ》くぞ。ソマティック・エクスペリエンスは大変に豊かな可能性を持っているが、この技法を習得するのに時間とお金がメチャクチャかかるので、これも省く。

次のＴＦＴ（思考場療法）だが、これは体のいくつかの場所、ツボに相当する場所になるのだけど、そこを決まった順番に、指でトントンと叩いて治療をするという治療法だ。これは、大変に広い治療の対象をもっていること、それから副作用がないなど、優れた特徴がある。[29]

僕がＴＦＴに注目をする理由はまだあって、この治療の中に、心理的逆転というキーワードがあるんだ」

「心理的逆転？　それは何ですか？」とミサキが尋ねた。

28　Shapiro F (2001):Eye movement desensitization and reprocessing: basic principles, protocols, and procedures 2nd ed, Guilford Pubn, New York.（市井雅哉監訳（２００４）：ＥＭＤＲ：外傷記憶を処理する心理療法、二瓶社、大阪）

29　森川綾女（２０１７）：たたくだけ！　心と体の不調がすっきり　つぼトントン。日本文芸社、東京。

「重症な患者さんの治療をしているとね、治りたいという気持ちと同時に、治りたくなんかないという気持ちが患者さんに湧いてくるのは珍しくないことなんだ。これに対して修正をする方法をなんと見出したんだ。

その方法が、心理的なアプローチというよりも体の状態の改善を含んでいるんだ。例えば好きな食べ物や飲み物の一部がマイナスの作用をすることがあるなどね。矢野君なんかは懐疑的だが」杉本先生が矢野先生に目配せする。

「えーと次に行きましょう」と無視して矢野先生が促した。

「次がホログラフィー・トークだ。これは体の中に押し込まれたトラウマの核をイメージによって外へ出し、トラウマの生じた場面まで時間を遡《さかのぼ》って治療を行う。嶺輝子先生という日本の治療者が編み出したわが国のオリジナルの治療法で、僕が治療に用いてみた経験では、大変に優れた効果がある。[30]

最後に自我状態療法だが、これは多重人格の為の精神療法で、他のトラウマ処理との組み合わせで初めて有効なことが明らかになっている。まあ言ってみれば一人でグループ治療をやるようなやり方だ[31]」

「いろいろあるんですね」ミサキが目を丸くしていると「ルビコン川を越えたやり方がすべてではないにせよ、ここにこそ未来があると自分は考えているんだが、矢野君はあまり熱心ではないなあ」と杉本先生が矢野先生をまじまじと見ながら語った。

そして、「いえいえ、ＥＢＭに基づいた治療法の習得だけで手一杯といったところなんですよ」と言う矢野先生に、杉本先生は、「ルビコン川のあちら側の治療法に関しても、きちんと科学的な検証をしてゆくことが次世代を担う君達の役割だと僕は思うよ」とまとめた。

愛着の修復は可能か

「さて、ミサキさんからいただいた最後の質問です。『愛着の形成がうまくいかないで成長すると、いろいろ問題が起きることはわかりましたが、年齢が上がってから、愛着の修復をすることはできるのでしょうか』というこれまた大変に鋭い質問です。杉本先生いかがですか」

「本来は、愛着修復のためには愛着を提供してくれる人が必要だろう？　だからこれはとても難しい課題だ。まあ対人関係はすべて、愛着を基盤にしているから、その中で安定した対人関係を築くことができるパートナーに出会えば、そこそこに改善はする。だがその過程で、重い方が軽い方を振り回すことも実際によく起きている。

30　嶺輝子（２０１７）：ホログラフィートークとトラウマ治療。そだちの科学、29、69－74。
31　杉山登志郎（２０１８）：自我状態療法－多重人格のための精神療法。日本衛生学雑誌、73（1）、62－66。

よく知られているのは女性の場合、自分が出産した赤ちゃんとの間で、傷ついた愛着の修復が行われることもあるということだが、当然これは赤ちゃんの側にリスクを伴っている」

「そうすると、愛着の修復はとても難しいということですね」

ミサキがそう言うと、杉本先生は「いやそうでもない」と言って話を続けた。

「僕は長いこと、成長した後になって愛着の修復は無理だと思っていたんだが、ホログラフィー・トークというトラウマ処理の技法の中に、光の柱というワークがある。

自分が光の柱に囲まれているとイメージし、自分の中にため込まれている加害者、まあ異物としてのトラウマの核になるわけだが、それを体の外に出し、この光の柱の上に上げるというワークだ。そしてイメージの中で、変化した親に昔してほしかったさまざまなことをしてもらうんだね。

こうした精神療法の中で傷ついた愛着の修復ができなくもない。もちろんさまざまな条件や困難はあるがね。僕がルビコン川の向こう側に注目する理由は、ここに治療の可能性が開けているからなんだよ」

思春期やせ症

「ミサキさんから他に質問はありますか」矢野先生がミサキに尋ねる。

「あの細かなことなんですが、最初に思春期やせ症の話が出てきたでしょう。自分がこのテーマの本を作った経験があるのでお伺いしたいんですが、この治療がとても難しいと。現在、治療はできるんでしょうか」

「ああ、これは私が答えましょう」矢野先生がにこやかに受けて答えた。

「杉本先生の同僚の精神科の教授だった有名な森則夫先生の指導の元で、徹底的なクリニカルパス（入院診療計画書）を用いた思春期やせ症の治療法がだいぶ確立してきたんです」

「へえ、それは具体的にはどういうものですか？」

「一言でいえば、患者の話を聞かないということを徹底するんです」

「え、どういうことですか」

「やせ症の子の身長体重比の指標がある水準を超えるまでは、精神療法をしても実は無駄というか、無意味なんです。

だからあるレベルまで体重が増えるまでは、体重だけを見て、身体管理に徹し、患者さんの話を一切聞かない。そうして体重が増えてくると、認知の歪みも軽くなってきて、はじめて精神療法的な対応が可能になる」

「そんな治療で大丈夫なのですか？」

「このやり方を取ると、まあだいたいのやせ症の患者は良くなるんです……」そのまま矢野先生が口ごもると、杉本先生が後を受けて続けた。

「ところが未だに、オールドファッションのやり方が蔓延《まんえん》しているからね。精神分析的なというか、そのやり方がむしろわが国では一般的で、それでちっとも良くなっていないいんだなあ。まあこんなところも、日本の精神医療は頭を切り換えていく必要があるんだ」

良いお母さんって？

「さて、こんなところかな。日本の子育ての現状や全体の問題が伝わっただろうか？　ミサキ君も、妊娠おめでとう。この本を作った経験を自ら活かしてくれよ」

杉本、矢野両先生から温かい眼差しを受けたミサキは、急に居心地が悪くなって思わず、

「何がめでたいんですか。妊娠したことは嬉しいですが、大変な話をいっぱい聞いて、どうやって子どもを産んで育てれば良いのか心配です」と話すうち涙声になってしまった。

すると、杉本先生はしばらく黙ったあとで声のトーンを落とし、

「それは確かに心配だよね」と優しい声で言ったので、逆にミサキは驚いてしまった。こんな穏やかな杉本先生を見るのは、出会ってから初めてだった。先生の優しい目に促されたような気がしてミサキは自分の気持ちを語った。

「子どもが生まれるのが嬉しくないなんてことはもちろんないんですが、自分が母親とし

て子どもを育てていけるのかとか、夫が育児を手伝ってくれるだろうか、親の手助けなしでできるのかとか。考えてしまうんです」

「そうだよね。いろいろ心配だよね。子どもが生まれるというのは、本当にすごいことだから。でもね、やっぱり良いことだと思うよ。いろいろ大変なこともあるだろうけれど」

そう言う杉本先生とともに、矢野先生もいつも以上の穏やかな視線をミサキに向けてくれている。

「自分はこの編集という仕事が好きで……。でも、会社は働く母親に理解があるとは思えなくて、この仕事も続けられるのか」

「あなたの仕事は若い女性に向けた本が中心だろう。これまでの仕事の経験が子育てにこそ、プラスになるに違いないよ。もちろん、その逆、子育ての経験が仕事にも活きるだろう」

「私はちゃんとしたお母さんになれるでしょうか。今まで母親になった自分など考えてもみなかったので」

「良いお母さんになる必要はないさ。ほどほどに良ければ十分。こんな本を企画していてちょうど良かったじゃないか。自分の作った本がすぐに自分の役に立つ。これまでの内容をきちんとまとめれば、日本で初めての本音で書かれた子育ての本になるに違いない」

「そうでしょうか」

杉本先生が笑顔を絶やさず「赤ちゃんのいるお家というのはとっても良いんだよ。安心したまえ」とぼそっと付け加えたのに、ミサキは元気を取り戻している自分に気がついた。そして、今まで見たことがない杉本先生の愛情に満ちた一面を発見した。

太古から受け継いだもの

「杉本先生、最後になにか一言ありますか？」

ミサキが落ち着いたところで、矢野先生が尋ねた。

「うん、こうしてみると自分の、自分達の世代で解決できなかったことが本当に多いのに気づかされて、やはり粛然《しゅくぜん》とせざるを得ないということかなあ。

特に子ども虐待を巡る問題など、本当になにもできていない。まあ改善のための手がかりが着手されたといえばそうだが……人生短したすきに長しと言ったのは星新一だっけ。僕が手をつけてそのままになってしまったことも沢山あって、矢野君達によって新しい子どもの幸福のための科学が作られていくことを祈っているが……。ミサキ君、今回は世話になった」としおらしいことを口にした。

「では、杉本先生、最後に先生のお嫌いな子育てのポイントというか、コツというか、わかりやすいまとめが欲しくて。振り返ってまとめていただけないでしょうか」

ミサキは駄目元《だめもと》で尋ねてみた。

「そうだな。

本のまとめというより、これからお母さんになるミサキ君に贈る言葉としよう。
1、動物としての子どもの自然で健康な生活を守ろう。きちんと睡眠を取らせよう。
2、子どもの好奇心を大切にしよう。
3、子どもの脳を興奮させすぎないように気をつけよう。
4、子どもが安心して育つことができるように、子どもを見守ろう。
5、3歳までがとても大事なので、この時期は子ども中心の生活を大切にしよう。
6、子どもの多様性、子どもの凸凹を受け入れよう。
7、子どもに合った教育を選ぼう。
8、子どもに無理をさせることを避けよう。
9、子どもの迫害体験や挫折体験をできるだけ減らそう。
10、社会全体で、子どもを育てていこう。
以上だよ」

「先生ありがとうございます。忘れないようにしますね」

「人はヒトという生き物だろう。〝太古から受け継いだ生物としてのヒト〟という生き物のありのままの子どものあり方にできるだけ逆らわず、無視や無理をせず、子どもが成長していくということ。これが子育てで一番大切なこととして、見直されるようになると良いんだ。それはやはり、一人一人が基本を思い出すこと、からだね」

そう言って、杉本先生が対談を締めくくった。

あとがき

定年を間近に控えたある日のことである。ある出版社から、子育ての本についての企画の打診があった。子育てに臨む親、特に母親に対して、座右の書となるような啓発的な本が書けないかというのである。その企画を読んで私は躊躇した。子育てが不安でたまらないという、今日の親の気持ちは大変によくわかる。しかしありきたりの啓発本を作るというのは、どうにもやる気が湧かない。

まえがきに既に記したように、私は対話形式のフィクションとして本をまとめれば、一般的な啓発書よりもやさしく、しかも突っ込んだことが書けるのではないかと考えた。

そうして第1章を書き出した。

第5章ぐらいまで書いたところで、編集者に見てもらったが、その内容は編集者を大変に戸惑わせたようで、全面的に書き直してほしいと言われた。

だが私はさらに考えた。今時、毒にも薬にもならないような本を出して何の意味があるのだ。編集者の忠告を無視して、どんどん書き足していったところ、案の定、この企画はボツになった。

その書きためた草稿を、講談社現代新書の編集者に見せたところ、こちらは面白がってくれたが、「きちんと編集させていただくのでそれで良いか」という条件をしっかり付けて、本にしてくれることになった。

振り返ってみれば私はずっと公務員生活を送ってきた。しかも最後の勤務では、国立大学の教授というポストで定年を迎えることになった。これまで講演などで舌禍《ぜっか》事件を起こさなかったというのではないが（むしろ沢山起こしてきたが）、やはり随分と歯止めを自ら掛けてきたのだと思う。その間に、言いたいことや悪口も随分《ずいぶん》溜まっていたと感じる。

定年間際の児童精神科医杉本氏は私がモデルであるが、決して私自身ではない。その部下の准教授矢野氏、こちらも私の後任の医師ではなく、敬愛するK大学のY先生がモデルになっている。この本はフィクションである。だがそれ故に、普通の啓発書よりも突っ込んだことを取り上げている。読者諸賢には、児童精神科医がくつろいでいる時に、どのような与太話をするのかということを知って苦笑いただければ幸甚《こうじん》である。

なお、本書は「きちんと編集」を受けた。責任転嫁するのではないが、編集者坂本瑛子氏との共同作業である。不機嫌で小太りの児童精神科医にお付き合いいただいた坂本氏に深謝したい。

もっと詳しく学びたい人のための参考書

●エピジェネティクスについて
仲野 徹『エピジェネティクス』、岩波新書（2014）
●愛着の形成について
滝川一廣ほか『そだちの科学30 乳幼児のこころとそだち』、日本評論社（2018）
●愛着障害について
杉山登志郎『子ども虐待という第四の発達障害』、学研（2007）
●心的外傷と回復について
宮地尚子『トラウマ』、岩波新書（2013）
友田明美、藤澤玲子『虐待が脳を変える』、新曜社（2018）
●子どもの貧困について
鈴木大介『最貧困女子』、幻冬舎新書（2014）
佐野 誠『99％のための経済学（教養編）』、新評論（2012）

●ギフテッドについて
杉山登志郎、岡南、小倉正義『ギフテッド』、学研（2009）
●実証的なトラウマ治療法について
ベッセル・ヴァン・デア・コーク著、柴田裕之訳『身体はトラウマを記録する』、紀伊國屋書店（2016）（原著：Bessel van der Kolk (2014): The Body Keeps the Score: Brain, Mind, and Body in the Healing of Trauma. Viking Penguin, New York.）
●思春期やせ症の治療について
森 則夫 監修、栗田大輔 著『拒食症身体治療マニュアル』、金芳堂（2014）

講談社現代新書　2491

子育《こそだ》てで一番大切《いちばんたいせつ》なこと　愛着形成《あいちゃくけいせい》と発達障害《はったつしょうがい》

二〇一八年九月二〇日第一刷発行　二〇二四年一二月三日第一二刷発行

著　者　杉山登志郎《すぎやまとしろう》

発行者　篠木和久

発行所　株式会社講談社

東京都文京区音羽二丁目一二—二一　郵便番号一一二—八〇〇一

電　話　〇三—五三九五—三五二一　編集（現代新書）

〇三—五三九五—五八一七　販売

〇三—五三九五—三六一五　業務

装幀者　中島英樹

印刷所　株式会社ＫＰＳプロダクツ

製本所　株式会社ＫＰＳプロダクツ

定価はカバーに表示してあります　Printed in Japan

N.D.C. 374　242p　18cm

ISBN978-4-06-513133-6

「講談社現代新書」の刊行にあたって

教養は万人が身をもって養い創造すべきものであって、一部の専門家の占有物として、ただ一方的に人々の手もとに配布され伝達されうるものではありません。

しかし、不幸にしてわが国の現状では、教養の重要な養いとなるべき書物は、ほとんど講壇からの天下りや単なる解説に終始し、知識技術を真剣に希求する青少年・学生・一般民衆の根本的な疑問や興味は、けっして十分に答えられ、解きほぐされ、手引きされることがありません。万人の内奥から発した真正の教養への芽ばえが、こうして放置され、むなしく滅びさる運命にゆだねられているのです。

このことは、中・高校だけで教育をおわる人々の成長をはばんでいるだけでなく、大学に進んだり、インテリと目されたりする人々の精神力の健康さえもむしばみ、わが国の文化の実質をまことに脆弱なものにしています。単なる博識以上の根強い思索力・判断力、および確かな技術にささえられた教養を必要とする日本の将来にとって、これは真剣に憂慮されなければならない事態であるといわなければなりません。

わたしたちの「講談社現代新書」は、この事態の克服を意図して計画されたものです。これによってわたしたちは、講壇からの天下りでもなく、単なる解説書でもない、もっぱら万人の魂に生ずる初発的かつ根本的な問題をとらえ、掘り起こし、手引きし、しかも最新の知識への展望を万人に確立させる書物を、新しく世の中に送り出したいと念願しています。

わたしたちは、創業以来民衆を対象とする啓蒙の仕事に専心してきた講談社にとって、これこそもっともふさわしい課題であり、伝統ある出版社としての義務でもあると考えているのです。

一九六四年四月　野間省一

心理・精神医学

哲学・思想Ⅰ

66 哲学のすすめ——岩崎武雄
159 弁証法はどういう科学か　三浦つとむ
501 ニーチェとの対話——西尾幹二
871 言葉と無意識——丸山圭三郎
898 はじめての構造主義　橋爪大三郎
916 哲学入門一歩前——廣松渉
921 現代思想を読む事典　今村仁司 編
977 哲学の歴史——新田義弘
989 ミシェル・フーコー　内田隆三
1001 今こそマルクスを読み返す　廣松渉
1286 哲学の謎——野矢茂樹
1293 「時間」を哲学する——中島義道
1315 じぶん・この不思議な存在——鷲田清一
1357 新しいヘーゲル——長谷川宏
1383 カントの人間学——中島義道
1401 これがニーチェだ——永井均
1420 無限論の教室——野矢茂樹
1466 ゲーデルの哲学——高橋昌一郎
1575 動物化するポストモダン　東浩紀
1582 ロボットの心——柴田正良
1600 ハイデガー＝存在神秘の哲学——古東哲明
1635 これが現象学だ——谷徹
1638 時間は実在するか　入不二基義
1675 ウィトゲンシュタインはこう考えた　鬼界彰夫
1783 スピノザの世界——上野修
1839 読む哲学事典——田島正樹
1948 理性の限界——高橋昌一郎
1957 リアルのゆくえ——大塚英志 東浩紀
1996 今こそアーレントを読み直す——仲正昌樹
2004 はじめての言語ゲーム——橋爪大三郎
2048 知性の限界——高橋昌一郎
2050 超解読！ はじめてのヘーゲル『精神現象学』　竹田青嗣 西研
2084 はじめての政治哲学　小川仁志
2099 超解読！ はじめてのカント『純粋理性批判』　竹田青嗣
2153 感性の限界——高橋昌一郎
2169 超解読！ はじめてのフッサール『現象学の理念』——竹田青嗣
2185 死別の悲しみに向き合う——坂口幸弘
2279 マックス・ウェーバーを読む——仲正昌樹

哲学・思想Ⅱ

13 論語──貝塚茂樹
285 正しく考えるために 岩崎武雄
324 美について──今道友信
1007 日本の風景・西欧の景観──オギュスタン・ベルク 篠田勝英 訳
1123 はじめてのインド哲学 立川武蔵
1150 「欲望」と資本主義──佐伯啓思
1163 「孫子」を読む──浅野裕一
1247 メタファー思考──瀬戸賢一
1248 20世紀言語学入門 加賀野井秀一
1278 ラカンの精神分析──新宮一成
1358 「教養」とは何か──阿部謹也
1436 古事記と日本書紀 神野志隆光
1439 〈意識〉とは何だろうか 下條信輔
1542 自由はどこまで可能か 森村進
1544 倫理という力──前田英樹
1560 神道の逆襲──菅野覚明
1741 武士道の逆襲──菅野覚明
1749 自由とは何か──佐伯啓思
1763 ソシュールと言語学──町田健
1849 系統樹思考の世界──三中信宏
1867 現代建築に関する16章 五十嵐太郎
2009 ニッポンの思想──佐々木敦
2014 分類思考の世界──三中信宏
2093 ウェブ×ソーシャル×アメリカ 池田純一
2114 いつだって大変な時代──堀井憲一郎
2134 いまを生きるための思想キーワード──仲正昌樹
2155 独立国家のつくりかた 坂口恭平
2167 新しい左翼入門──松尾匡
2168 社会を変えるには──小熊英二
2172 私とは何か──平野啓一郎
2177 わかりあえないことから 平田オリザ
2179 アメリカを動かす思想 小川仁志
2216 まんが 哲学入門──森岡正博 寺田にゃんこふ
2254 教育の力──苫野一徳
2274 現実脱出論──坂口恭平
2290 闘うための哲学書──小川仁志 萱野稔人
2341 ハイデガー哲学入門 仲正昌樹
2437 ハイデガー『存在と時間』入門──轟孝夫

宗教

政治・社会

1145 冤罪はこうして作られる　小田中聰樹
1201 情報操作のトリック　川上和久
1488 日本の公安警察――青木理
1540 戦争を記憶する――藤原帰一
1742 教育と国家――高橋哲哉
1965 創価学会の研究――玉野和志
1977 天皇陛下の全仕事――山本雅人
1978 思考停止社会――郷原信郎
1985 日米同盟の正体――孫崎享
2068 財政危機と社会保障――鈴木亘
2073 リスクに背を向ける日本人　山岸俊男 メアリー・C・ブリントン
2079 認知症と長寿社会――信濃毎日新聞取材班
2115 国力とは何か――中野剛志
2117 未曾有と想定外――畑村洋太郎
2123 中国社会の見えない掟　加藤隆則
2130 ケインズとハイエク　松原隆一郎
2135 弱者の居場所がない社会　阿部彩
2138 超高齢社会の基礎知識　鈴木隆雄
2152 鉄道と国家――小牟田哲彦
2183 死刑と正義――森炎
2186 民法はおもしろい――池田真朗
2197 「反日」中国の真実――加藤隆則
2203 ビッグデータの覇者たち――海部美知
2246 愛と暴力の戦後とその後――赤坂真理
2247 国際メディア情報戦――高木徹
2294 安倍官邸の正体――田﨑史郎
2295 福島第一原発事故 7つの謎　NHKスペシャル『メルトダウン』取材班
2297 ニッポンの裁判――瀬木比呂志
2352 警察捜査の正体――原田宏二
2358 貧困世代――藤田孝典
2363 下り坂をそろそろと下る　平田オリザ
2387 憲法という希望――木村草太
2397 老いる家 崩れる街　野澤千絵
2413 アメリカ帝国の終焉　進藤榮一
2431 未来の年表――河合雅司
2436 縮小ニッポンの衝撃　NHKスペシャル取材班
2439 知ってはいけない――矢部宏治
2455 保守の真髄――西部邁

日本史Ⅰ

世界史Ⅰ

自然科学・医学

1141 安楽死と尊厳死――保阪正康
1328 「複雑系」とは何か――吉永良正
1343 カンブリア紀の怪物たち　サイモン・コンウェイ・モリス　松井孝典 監訳
1500 科学の現在を問う　村上陽一郎
1511 優生学と人間社会――米本昌平　松原洋子　橳島次郎　市野川容孝
1689 時間の分子生物学――粂 和彦
1700 核兵器のしくみ――山田克哉
1706 新しいリハビリテーション　大川弥生
1786 数学的思考法――芳沢光雄
1805 人類進化の700万年　三井 誠
1813 はじめての〈超ひも理論〉　川合 光
1840 算数・数学が得意になる本　芳沢光雄
1861 〈勝負脳〉の鍛え方――林 成之
1881 「生きている」を見つめる医療――中村桂子　山岸 敦
1891 生物と無生物のあいだ　福岡伸一
1925 数学でつまずくのはなぜか　小島寛之
1929 脳のなかの身体――宮本省三
2000 世界は分けてもわからない　福岡伸一
2023 ロボットとは何か――石黒 浩
2039 ソーシャルブレインズ入門　藤井直敬
2097 〈麻薬〉のすべて――船山信次
2122 量子力学の哲学――森田邦久
2166 化石の分子生物学――更科 功
2191 DNA医学の最先端　大野典也
2204 森の力――宮脇 昭
2219 宇宙はなぜこのような宇宙なのか――青木 薫
2226 宇宙生物学で読み解く「人体」の不思議――吉田たかよし
2244 呼鈴の科学――吉田 武
2262 生命誕生――中沢弘基
2265 SFを実現する――田中浩也
2268 生命のからくり――中屋敷 均
2269 認知症を知る――飯島裕一
2292 認知症の「真実」――東田 勉
2359 ウイルスは生きている　中屋敷 均
2370 明日、機械がヒトになる　海猫沢めろん
2384 ゲノム編集とは何か　小林雅一
2395 不要なクスリ 無用な手術　富家 孝
2434 生命に部分はない――A・キンブレル　福岡伸一 訳

知的生活のヒント

78 大学でいかに学ぶか 増田四郎
86 愛に生きる――鈴木鎮一
240 生きることと考えること 森有正
297 本はどう読むか――清水幾太郎
327 考える技術・書く技術――板坂元
436 知的生活の方法――渡部昇一
553 創造の方法学――高根正昭
587 文章構成法――樺島忠夫
648 働くということ――黒井千次
722 「知」のソフトウェア――立花隆
1027 「からだ」と「ことば」のレッスン――竹内敏晴
1468 国語のできる子どもを育てる――工藤順一
1485 知の編集術――松岡正剛
1517 悪の対話術――福田和也
1563 悪の恋愛術――福田和也
1620 相手に「伝わる」話し方 池上彰
1627 インタビュー術!――永江朗
1679 子どもに教えたくなる算数 栗田哲也
1865 老いるということ――黒井千次
1940 調べる技術・書く技術――野村進
1979 回復力――畑村洋太郎
1981 日本語論理トレーニング――中井浩一
2003 わかりやすく〈伝える〉技術――池上彰
2021 新版 大学生のためのレポート・論文術――小笠原喜康
2027 地アタマを鍛える知的勉強法――齋藤孝
2046 大学生のための知的勉強術――松野弘
2054 〈わかりやすさ〉の勉強法――池上彰
2083 人を動かす文章術――齋藤孝
2103 アイデアを形にして伝える技術――原尻淳一
2124 デザインの教科書――柏木博
2165 エンディングノートのすすめ――本田桂子
2188 学び続ける力――池上彰
2201 野心のすすめ――林真理子
2298 試験に受かる「技術」――吉田たかよし
2332 「超」集中法――野口悠紀雄
2406 幸福の哲学――岸見一郎
2421 牙を研げ 会社を生き抜くための教養 佐藤優
2447 正しい本の読み方 橋爪大三郎

趣味・芸術・スポーツ

620 時刻表ひとり旅——宮脇俊三
676 酒の話——小泉武夫
1025 J・S・バッハ——礒山雅
1287 写真美術館へようこそ——飯沢耕太郎
1404 踏みはずす美術史——森村泰昌
1422 演劇入門——平田オリザ
1454 スポーツとは何か——玉木正之
1510 最強のプロ野球論——二宮清純
1653 これがビートルズだ 中山康樹
1723 演技と演出——平田オリザ
1765 科学する麻雀——とつげき東北
1808 ジャズの名盤入門——中山康樹

1890 「天才」の育て方——五嶋節
1915 ベートーヴェンの交響曲——金聖響 玉木正之
1941 プロ野球の一流たち 二宮清純
1970 ビートルズの謎——中山康樹
1990 ロマン派の交響曲——金聖響 玉木正之
2007 落語論——堀井憲一郎
2045 マイケル・ジャクソン——西寺郷太
2055 世界の野菜を旅する 玉村豊男
2058 浮世絵は語る——浅野秀剛
2113 なぜ僕はドキュメンタリーを撮るのか——想田和弘
2132 マーラーの交響曲——金聖響 玉木正之
2210 騎手の一分——藤田伸二
2214 ツール・ド・フランス 山口和幸

2221 歌舞伎　家と血と藝 中川右介
2270 ロックの歴史——中山康樹
2282 ふしぎな国道——佐藤健太郎
2296 ニッポンの音楽——佐々木敦
2366 人が集まる建築——仙田満
2378 不屈の棋士——大川慎太郎
2381 138億年の音楽史 浦久俊彦
2389 ピアニストは語る ヴァレリー・アファナシエフ
2393 現代美術コレクター 高橋龍太郎
2399 ヒットの崩壊——柴那典
2404 本物の名湯ベスト100 石川理夫
2424 タロットの秘密——鏡リュウジ
2446 ピアノの名曲——イリーナ・メジューエワ

日本語・日本文化

P